そのままのキミで生きやすい道の見つけ方

10代HSPさんの「しんどい」をかるくする本

HSP専門
キャリアコンサルタント＆
カウンセラー
みさきじゅり 著

Mates-Publishing

はじめに――

空気を読みすぎて、何もできなくなる。
急に話を振られると、どう答えるべきか悩んでしまう。
帰宅後に「やっぱり違う言い方をすればよかった」と一人反省会をしてしまう。
ちょっとしたことですぐ感動して泣けてしまう。
いつも、または時々、一人になりたくなる。

こういう自分を、周りとはちょっと違うな、と思っていて、自分のことをもっと理解したいとか、周りに理解してもらいたいなと思っていませんか?

わたしは、そんな「敏感すぎる人」「繊細すぎる人」と呼ばれるHSPの人(詳しくは本書の中で解説します)を対象に、お仕事や人生、人間関係についてさまざまな提案をする、HSP専門キャリアコンサルタント&カウンセラーのみさきじゅりです。
そして、わたし自身もHSPのひとりです。

この本を手にとった10代のあなたは、HSPについて知っていて興味を持ったのかもしれないし、しんどい気持ちを軽くしたいという気持ちだったのかもしれないですね。
そして今、「自分はこんなことで今後、社会に出た時に、やっていけるのかな…」と心配をしているかもしれません。そんな人にこそ、この本を読んでほしいのです。

本のなかには自分がHSPかどうかを調べられるチェックシートもありますし、自分が普段思い悩んでいることと同じことが、見つかるかもしれません。

この本は、読むことで、なぜあなたが普段そのように感じるのか、周りと違うと感じているのかなど、漠然と抱えている自分に対する疑問がクリアになって、自分に対して自信が持てるようになることを目指して書いています。

人間にはいろんな特徴があり、HSPはそのひとつです。あなたがHSPだとしたら、あなたにとってHSPがどういうことか、ひもづけて理解することがとても大切です。そうすることで、あなたが輝く生き方を自分で作っていけるからです。

将来の可能性に満ちた10代のみなさんに、すてきな人生をおくってほしいと願う気持ちから、この本を書きました。ぜひこの本を活用してくださいね。

みさきじゅり

CONTENTS

第4章 よくあるこんな時はどうすべき？

本書の見方

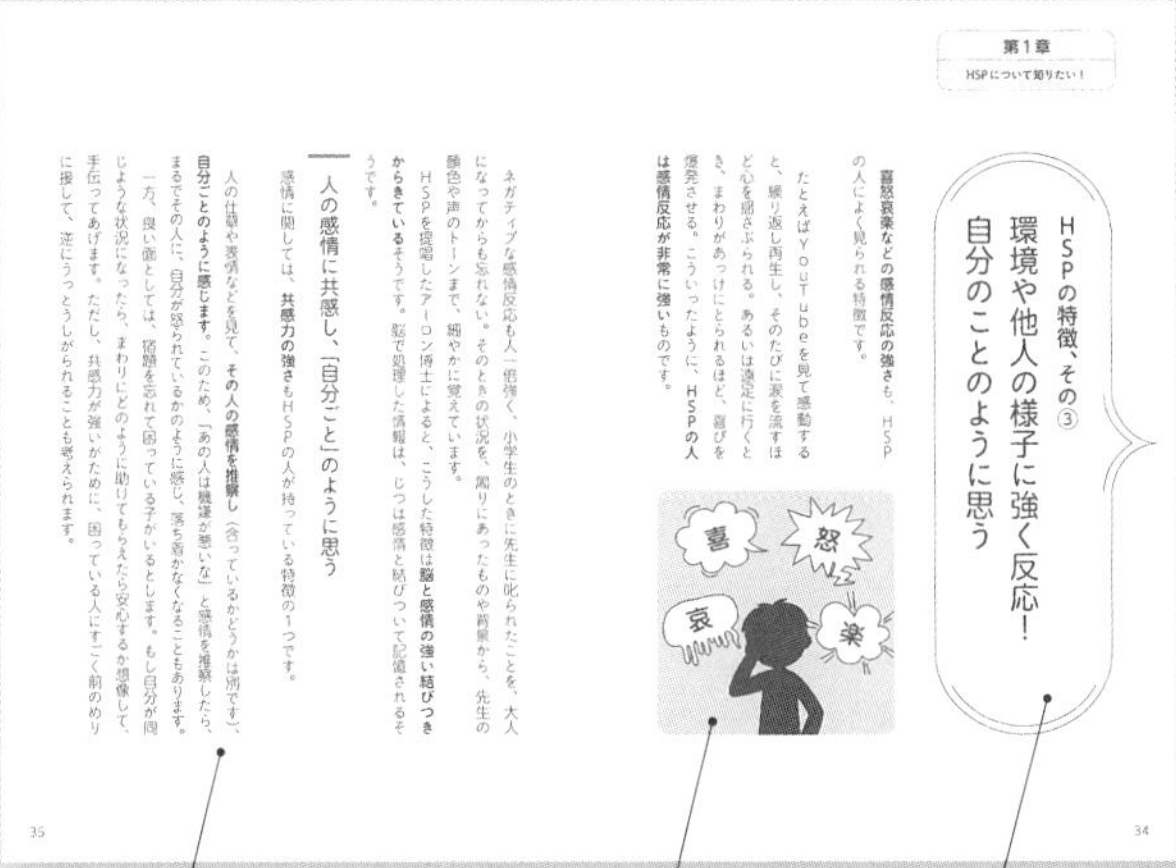

第1章
HSPについて知りたい！

HSPの特徴、その③
環境や他人の様子に強く反応！
自分のことのように思う

喜怒哀楽などの感情反応の強さも、HSPの人によく見られる特徴です。

たとえばYouTubeを見て感動すると、繰り返し再生し、そのたびに涙を流すほど心を揺さぶられる。あるいは遠足に行くとき、まわりがあっけにとられるほど、喜びを爆発させる。こういったように、**HSPの人は感情反応が非常に強い**ものです。

34

ネガティブな感情反応も人一倍強く、小学生のときに先生に叱られたことを、大人になってからも忘れない。そのときの状況を、周りにあったものや背景から、先生の顔色や声のトーンまで、細やかに覚えています。

HSPを提唱したアーロン博士によると、こうした特徴は**脳と感情の強い結びつきからきている**そうです。脳で処理した情報は、じつは感情と結びついて記憶されるそうです。

人の感情に共感し、「自分ごと」のように思う

感情に関しては、**共感力の強さ**もHSPの人が持っている特徴の1つです。

人の仕草や表情などを見て、**その人の感情を推察し**（合っているかどうかは別です）、**自分ごとのように感じます**。このため、「あの人は機嫌が悪いな」と感情を推察したら、まるでその人に、自分が怒られているかのように感じ、落ち着かなくなることもあります。

一方、良い面としては、宿題を忘れて困っている子がいるとします。もし自分が同じような状況になったら、まわりにどのように助けてもらえたら安心するか想像して、手伝ってあげます。ただし、共感力が強いがために、困っている人にすごく前のめりに接して、逆にうっとうしがられることも考えられます。

35

本文

HSP専門のカウンセラーである著者が、独自の調査をもとに、みなさんにわかりやすく解説していきます。

イラスト・図版

内容を理解しやすくなるよう、イメージとしてイラストや図版などのヴィジュアルを用いています

項目名

本書は10代の読者のみなさんに向けて、HSPの解説や、みなさんが悩んでいると思われることの分析、悩みにどう対処すればよいか、などが書かれています。
まずはざっと全体を読んだあとで、改めて興味のある項目を選んで読み返してみましょう。

※本書の内容に関して運用した結果の影響については、責任を負いかねます。あらかじめご了承ください。
※本書に掲載された情報は、2023年5月時点での情報です。※本書の内容に関して運用した結果の影響については、責任を負いかねます。あらかじめご了承ください。

みさきじゅり先生のSNS　HSPに関する最新情報も！

インスタグラム hsp_worklife	Twitter @HSP_worklife	Youtube チャンネル	note

第1章

HSPについて知りたい!

第１章

HSPについて知りたい！

（自分はまわりの人と違うかも？）あなたは学校や家でこんなことで悩んでいませんか？

あなたは普段から、自分はまわりの人とはちょっと違うのかも……と悩んではいませんか？　たとえば、学校が嫌いではないんだけど、行きたくないときがある。**何となくクラスに溶け込めない**。友だちの輪の中に入りたいとも思うけど、**人と接しているとつかれてしまう**。グループで行動するのがどうも苦手。１人になりたい、と思う。

これらに当てはまれば、あなたはＨＳＰかもしれません。この本では、**ＨＳＰの人はどんなことで悩むのか、そもそもＨＳＰとは何なのか、どうすれば楽に生きていけるのかなどについて、実際にＨＳＰだとはっきり自覚しているわたしが説明していこうと思います。**

先生の声や態度が怖い → 先生がすごく苦手になる

ＨＳＰの小・中・高校生の場合、悩みの種となるのは、主に学校での人間関係でしょう。なかでも、**先生との関係性は重要**です。人の仕草や声などをとても気にしてしまうのがＨＳＰ。この特徴から、先生が怖くなってしまうことがあります。生徒を叱る声が普段よりも大きい、あるいは、ちゃんと答えられない生徒に機嫌が悪そうな声でしゃべる。こうした場面を見ると、まるで自分が叱られているかのように感じ、胸が締めつけられてしまうのです。

ＨＳＰの人は、**何かのことで圧迫感を感じると、相手のすべてが苦手になってしまうこと**があります。毎日顔を合わせる担任の先生がイヤになれば、学校に行くのがおっくうになることも。あなたには、こうした経験はありませんか？

素直に行動する → 「いい子ぶっている」と誤解される

先生との関係性では、気に入れられ、かわいがられるのが重荷になり、悩んでしまうこともあります。ＨＳＰの人は、基本的にとても素直。多くの場合、**先生の言うことは素直に聞き、言われたとおりに行動します**。先生から気に入られよう、と思っているわけではありません。HSPの人は、言われたことをそのまま受け止め、ストレートに行動しているだけです。

しかし、クラスのみんなからは、**先生にすり寄っている、いい子ぶっている**、といったように見えるかもしれません。あるいは、本当は周りはそこまで思っていなくても、先生があなたのことをほほえましく眺めている様子を、クラスの他の子にからかわれたら、HSPの人はその様子が頭から離れなくなってしまうこともあります。こうして**まわりの反応を深読みしすぎて、他の人が自分のことを悪く思っているのではないか、と想像が膨らみ続けてしまう。そして、悩んでしまう**。これもHSPの小・中・高校生によく見られる心の迷いです。

本当の感情を出せない→人に合わせてしまう

HSPの人は、さまざまなことに対して、**感情を強くゆさぶられます**。たとえば、雲ひとつない快晴で、とても空がきれい。こうしたとき、HSPの人なら、その美しさに強く感動するでしょう。ただ、きれいだな〜と思うだけではありません。**ふるえるような感動で、空を見上げたまま、いつまでもその姿勢でいられます**。

まわりの人からは、こうした姿を何か変だなと思われるかもしれません。友だちをいじりたがる同級生から、「何、いつまでも見てるの？」「大げさだねー」などとからかわれることもありそうです。
こうしたことが何度かあると、**自分の感情を素直に表現すると、からかわれたり、いじめられたりするんだと思う**ようになります。その結果、きれいな空を見て感動しても、まわりがそうでもない場合、自分も**感動していないふりをする。**あるいは、自分は美しいと思わなくても、**まわりがきれいだといえば、それに合わせる**ようになります。

あなたは、このように自分の感情を押し殺し、心にもないリアクションを取ったことはありませんか？　自分に向かってウソをつくのですから、けっこう、つらいものですよね。心の中の自分を隠し、表に出す自分をいつわるのは大きな重荷。こうした行動を続けるうちに、**自分の本当の感情がわからなくなり、思い詰めてしまう**こともしばしば見られます。

先生や親に相談して、正しいアドバイスをもらうべきではないか、そのとき、どのように話を切り出して説明するのが良いか、迷ったりもするでしょう。その迷いの一方で、勇気をふりしぼり相談したとしても、「考えすぎじゃない？」などと言われそうで、行動に移すことができません。

こうして、**自分のことは誰もわかってくれないと思い、居場所がないと感じて、精神的に孤立してしまう**ケースがあります。

HSPのセルフチェックをしてみよう

次のページから紹介するチェックシートは、HSPという言葉を考え出し、世の中に広めたアメリカの心理学者、エレイン・アーロン博士が考えたものをもとに作りました。もともと、HSPの研究のために考えられたチェック項目です。この本では、投げかける内容はそのままに、言い回しなどを少しだけ変えて、子ども自身がチェックできるようにアレンジしています。

チェックシートは全部で27項目。かなり多いと思うかもしれませんが、簡単な質問ばかりなので、考え込まずに答えていきましょう。「はい」と思う質問にチェックを付けてください。すべて答えてみて、**「はい」の数がどれほどあったかで、HSPかどうかを判断します。**「はい」か「いいえ」か迷った場合は、少しでも当てはまるような気がしたら「はい」にしましょう。

HSPチェックシート

- □ 感覚に強い刺激(光・音・匂いなど)を受けると、心の中でびっくりしたりドキドキしたりする
- □ 自分をとりまく環境の微妙な変化によく気づく
- □ 他人の気分にふり回される
- □ 痛みにとても敏感で苦手
- □ 忙しい日が続くと、ベッドや暗い部屋といった、自分1人で静かにゆっくりできる場所で過ごしたい
- □ 明るい光や強い匂い、ざらざらした布地、サイレンの音などにびっくりしやすい
- □ 豊かな想像力を持ち、空想にふけりやすい
- □ 騒音が苦手
- □ 美術や音楽に深く心動かされる
- □ ときどき神経がすり切れたように感じ、1人になりたくなる
- □ 周りの様子や相手の気持ちを深くくみとった上で、最もよい選択をとろうとする
- □ 他の人が驚かないようなことでもびっくりする
- □ 短い間にたくさんのことをしなければならないとき、混乱してしまう

←次ページに続く

HSPチェックシート

- □ 人が何かで不快そうにしているとき、どうすれば快適になるかすぐに気づく（たとえば電灯の明るさを調節したり、席を替えるなど）
- □ 一度にたくさんのことを頼まれるのはイヤ
- □ ミスをしたり物を忘れたりしないように、いつも気をつけている
- □ 暴力的な動画やアニメなどは見ないようにしている
- □ たくさんのことが自分のまわりで起こっていると、不快になりどうしたらいいかわからなくなる
- □ おなかがすくと、集中できなくなり、落ちつかない気持ちになる
- □ 生活に変化があるとどうしたらいいかわからなくなる
- □ ほのかな香りや味、音、音楽などが好き
- □ たくさんのことが同時に進行すると落ち着かない気持ちになる
- □ できるだけビクビクしないように、普段から気をつけている
- □ 大きな音や散らかった部屋などが苦手
- □ 競争させられたり、観察されたりすると緊張し、もともとの実力を発揮できなくなる
- □ 親や先生は、自分のことを「敏感」「内気」と思っている

チェックの数 □

どうでしたか？　**「はい」と答えた質問が14以上あった場合、おそらくHSP**でしょう。

また、「はい」の数が少なかったとしても、何かの質問が**非常に強く当てはまるのであれば、やはりHSPかもしれないでしょう。**


このチェックシートの項目に加えて、HSPの小・中・高校生に多く見られる状況をいくつかあげてみましょう。

まず、この章の最初に紹介した「誰かの大きな声や不機嫌な声を聞くと、自分が叱られている気持ちになる」「先生の言うことを素直に聞いて行動する」「自分の感情を表せないで、人に合わせてしまう」があげられます。

ほかに、「周りの様子に敏感で、ささいなことが気になってしまう」のもHSPの大きな特徴です。たとえば、校庭で遊んでいる友だちの様子を観察してから、遊びに加わることがあるのではないですか？

「人と目が合いやすく、何かと相談されやすい」ところもあります。意見を求められたら、言いたいことはたくさんあるけれど、言葉にするのには時間がかかります。

良い点は、感動しやすさ。道ばたに小さな雑草が咲いているのを見るだけで、全身がキューンとするような感覚をおぼえた経験はありませんか？

ＨＳＰだったらどうすればいい？ 自分はどういう人間なのか、深く理解することからはじめよう

ＨＳＰのセルフチェック、どんな結果になりましたか？　「はい」が14以上あった人、あるいは、とても強く当てはまる「はい」があった人は、疑問がわいているかもしれません。「まわりの人と何か違うとは思っていたけど、ＨＳＰというものみたい。でも、どうすればいいの？」と考えるのもわかります。では、こうしてみませんか？　という提案をするので、実行してもらえたらと思います。

ただ、その前に、**セルフチェックの結果が絶対に正しいとは限らない**、ということを伝えておきます。どういったセルフチェックでも同じですが、**結果はあくまでも目安。**14以上の「はい」があっても、強く当てはまる「はい」があっても、ＨＳＰではな

い人もいます。その逆に、たとえ「はい」の数が少なくても、ＨＳＰである可能性もあります。

また、日ごろから悩むことが多く、もしかしたら自分は心の病気、あるいは何らかの病気があるのかもしれない、と思っている人がいるかもしれません。こうした人は、スクールカウンセラーや、文部科学省の「子供（こども）のＳＯＳの相談窓口」（https://www.mext.go.jp/a_menu/shotou/seitoshidou/06112210.htm）などで話を聞いてもらうことをおすすめします。

スクールカウンセラーの先生や、文部科学省の相談窓口にいる大人の人たちは、あなたが悩んでいることをうまく話せなくても、あたたかく受け入れてくれるはずです。なぜなら、このような大人の人たちは、人の悩みや不安を受け止めるコミュニケーション方法を学び、訓練を受けた専門家の人たちだからです。たとえば、親や担任の先生にわかってもらえない話であっても、このような専門家の人たちは、あなたの話を落ち着いて聞きとることを仕事としているのです。

知らない人に自分の話をするのは、とても勇気がいることですよね。ですが、ＨＳＰ

かもしれない、といったモヤモヤを、あなたがひとりで抱えるのはもっと大変なことです。

ぜひ安心して相談してみてください。

自分を見つめ、「得意なこと」「苦手なこと」を知る

自分がＨＳＰだったら、どうしたらいいのでしょうか？　とても大切なのは、**自分がどういう人間なのかをよく知ること**です。

- ●友だちが心を動かさないことにも、とても感動する。
- ●先生や親の言うことを素直に受けとめる。
- ●先生が急に大きな声を出したとき、自分はすごくビクッとしてしまう。
- ●本心とは違っていても、友だちと話を合わすことを選ぶことがある。
- ●友だちよりも感情表現が強いような気がする。
- ●友だちの喜怒哀楽に共感し、自分も同じような感情になりやすい。
- ●ものごとを深く考えて、想像がどんどんふくらんだり、思い詰めることがよくある。

右に書いたようなことはＨＳＰの人に多く見られる傾向です。これらが**自分の本当の姿だと理解し、ちゃんと受け止めることが、これからの長い人生の過ごしやすさにつながっていきます。**

ＨＳＰとは１つの大きな個性。あなたほど感受性が豊かではないタイプの人とは違って、あなたには向いていること、向いていないことがはっきりしています。自分が得意、つまり当たり前のこととしてできることと、得意ではないこと、つまり、自分にかなりプレッシャーをかけないとできないことがあることにも、もう気づいているでしょう。自分の内面について深く考えるのは、ＨＳＰの人の得意とするところ。**自分のことがよくわかれば、自信を持って行動できるようになるはず**です。

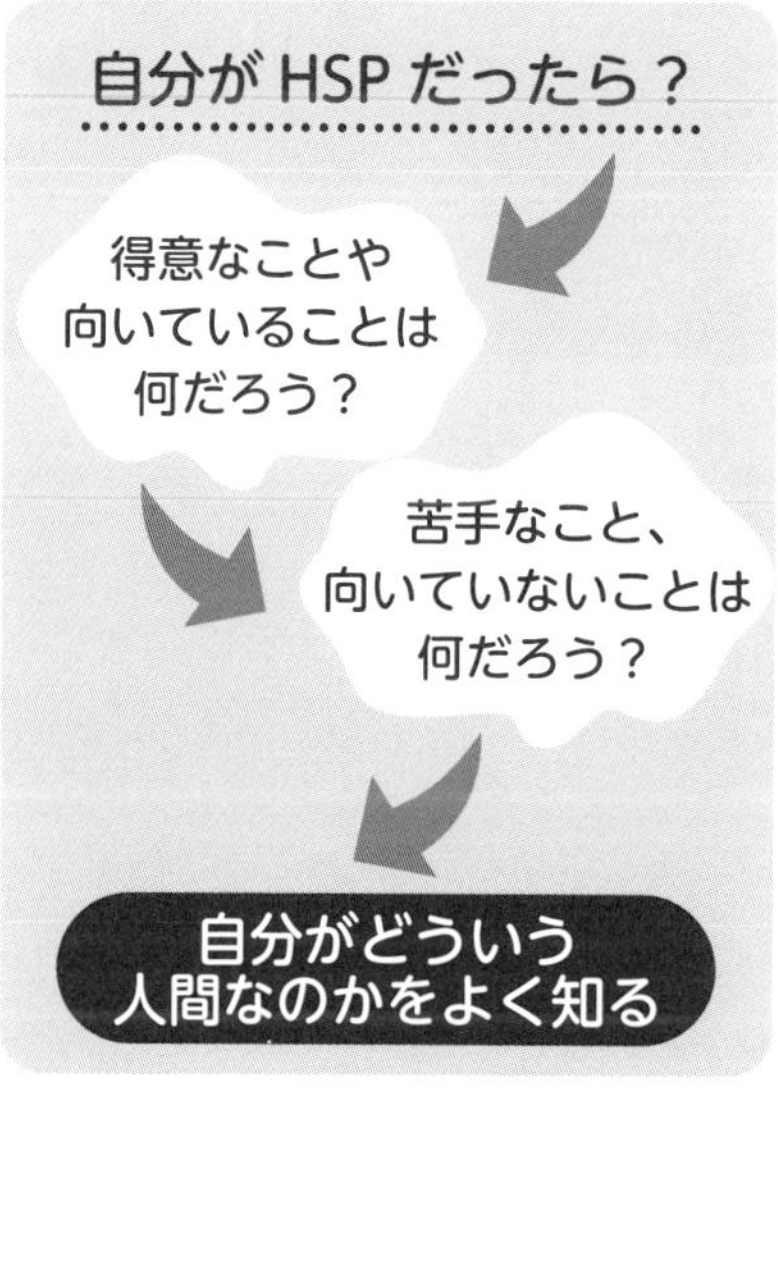
自分がHSPだったら？
得意なことや向いていることは何だろう？
苦手なこと、向いていないことは何だろう？
自分がどういう人間なのかをよく知る

自分らしく生きる方法を見つけよう

わたしがアーロン博士の本を読み、自分がHSPだとわかったのは30代になってからでした。本を読んで、自分のなかに衝撃が走ったことを、いまでもよく覚えています。自分はなぜまわりの人と違うのだろう？　自分とは何なんだろう？　長い間、こう感じ続けてきましたが、HSPだったからだと考えると、ものすごくスッキリし、目の前が一気に広がるような感じがしました。

HSPらしい感じ方や反応の仕方を理解することにより、相手の態度を気にしすぎないで行動できるようになりました。

あなたはまだ10代でしょうか。この本でHSPをよく知り、自分を理解できるようになれば、**大人になる前の段階で、自分らしい生きやすさを見つけることができるはずです。**

HSPチェックシートの項目の多くは、HSPの人が苦手なこと、たとえば大きな音や光といった刺激についてや、周りの様子や刺激にふりまわされる場面を取り上げています。そしてこのような項目に当てはまることが、HSPかどうかのものさしになっています。

しかしここで大切なことをお伝えしたいのです。それは、ＨＳＰの人は決して、生まれつきネガティブな人「ではない」、ということです。

次のセクションからは、ＨＳＰらしさがどういうものか、詳しく説明をしていきます。あなた自身のＨＳＰらしさとは、あなたが自分の感覚を探り、理解を深めていくものです。すると、あなたのＨＳＰらしさが、ネガティブなものだけではないとわかっていくでしょう。あなたのＨＳＰらしさは、あなた自身の幸せに通じる部分があったり、人や社会の役に立つ部分が、必ずあります。

ＨＳＰさんが自分らしく生きる方法を見つける、とは、自分にとって得意なこと、さらにいうと、自分がむりをしなくても何かを行える状況ややり方を見つけていくということです。

あなたが社会に出て、仕事をはじめる前のいま、あなたの得意なこと・状況・やり方を楽しむことが、「自分らしく生きる方法」を見つける方法、です。

そもそもHSPとは、人の言葉や態度、刺激などを「すごく感じとれる人」の意味

ここまで読み進めてきたあなたは「なるほど、自分はHSPだったんだ」と自覚しているのではないでしょうか。そして、こうも思っているのではありませんか。

「HSPの人がどんなときに、どんな行動を取るのかは何となくわかった。でも、**そもそもHSPって何？　病気なの？**」

とても気になりますよね？　では、HSPはどういうことなのかについて説明しましょう。

「HSP」とは心理学研究者であるアーロン博士が考え出した呼び方、「Highly

Sensitive Person（ハイリィ・センシティブ・パーソン」の頭文字を取ったものです。「Highly」とは「すごく／非常に」、「Sensitive」は「敏感／繊細」、「Person」は「人」の意味。日本では**「繊細な人」「すごく敏感な人」**と思われているようです。「周りの様子にはげしく反応する人」と表すのが、Highly Sensitive Personという英語の意味あいを丁寧に日本語におきかえた説明である、とわたしは考えています。音や光といったちょっとした刺激、友だちや先生、親などの言葉・態度、普段と違う環境などに対して、世の中の大多数の人よりも、とても強く反応する人のことです。

アーロン博士によると、ＨＳＰの人は人口の20～30％ほどいるそうです。3～5人に1人がＨＳＰというわけですね。日本人はもともと、周りに気を配ることが自然に行える民族です。世界の他の国と比べると、日本のＨＳＰの割合は、もしかしたら少し高いかもしれないです。ですが、あなたは、「自分と同じような反応を、親や先生、友達はしない」と感じているかもしれませんね。

その理由は、ＨＳＰの人は、自分が感じていることを周りにさとられないようにするのが上手な人が多いからでしょう。本当はあなたの周りにもＨＳＰの人がいて、あなたと同じくらい、小さな花を見て感激したり、大きな物音に飛び上がるほどびっくりしているかもしれないのです。しかし、そのお友達は、自分がそのように感じたり反応していることを、周りにバレないようにがんばっているかもしれません。

あなたも、あなたが感じていることを、そのまま表現しないように、がまんするくせがありませんか？　あなたの周りにいるかもしれないHSPの人も、同じようながまんをしているかもしれないのです。がまんしているから、パッと見ただけでは、あなたの周りにHSPの人がいるかどうか、わからないのかもしれません。ですが、あなたの周りのどこかに、必ずHSPの人がいる、と思ってよいでしょう。

感じる力は「グラデーション」

HSPの人が周りにいるかもしれない、と思いをめぐらせるときに、ひとつ、知っておいていただきたいことがあります。それは、人がものを感じる度合いの違いは、人々のあいだで「グラデーション」として存在している、ということです。

グラデーション、とは、物事の色や強さが、少しずつ強くなったり、弱くなっていく様子のことです。人がもつ、ものごとを感じて反応する度合いの強さをみたときに、大きく分けて「すごく強く感じるタイプ」「そこそこ感じるタイプ」「あまり感じないタイプ」がいます。

HSPの人は、すごく感じるタイプの人で、そういう人が、人口の20〜30％いるということです。残りの人がみんな、何も感じないというわけではありません。HSPの人ほどではないけれど、何かを感じる人もいれば、とても鈍感（どんかん）なタイプの人もいる、ということです。

今後あなたが、自分の周りにHSPの人がいるかどうか、さがしてみようと思うなら、感じ方の強さに注目してみましょう。「この人はすごく感じたり、反応するタイプかな」「この人はそこまでではないかもしれない」というように考えてみるとよいでしょう。

HSPは生まれつきの「気質」

では、とても気になる大切なことについて考えましょう。HSPは病気や障害なのでしょうか？

HSPは病気や障害とは全く違う切り口で、人の特性をとらえた考えです。生まれながらに持っている「気質」なのです。気質とは性格の一部。**一生の間、変わることのない、その人の特性**を指します。これに対して、性格はもっと広い意味を持っています。生まれながらの気質がベースではありますが、その後、家庭や社会の環境などに左右されて、成長していくうちに作られ、固まっていくものです。

ＨＳＰは刺激に対する反応がとても強いタイプの人、ということです。イメージとしては、イチゴで言うと、あまずっぱいものから、とてもあまいイチゴまであります。ＨＳＰの人はイチゴのあまさの度合いがものすごくあまいタイプなのです。

もしかしたら、自分は心の病気かも……と思っていた人は、安心したのではないでしょうか。ただ、病気ではないとわかると、「まあ、生まれつきなら仕方ない、もう悩むことはないよね」などとＨＳＰにきちんと向き合わなくなる人がときどきいます。たしかに、自分について思い悩む必要はありませんが、自分が得意なこと、そうでないことを明らかにすることはぜひ取り組んでいきましょう。

あなたがＨＳＰなのは、たまたまそう生まれついたから。病気なのかな？　とあなたやまわりが思いたくなるほど、感受性が豊かなのです。ＨＳＰであるということは、生まれつき、物事を感じとる力が強いということです。**ＨＳＰであることを自覚したうえで、どうすればもっとのびのびと生きられるのか、楽しめるのかを考える**ようにしましょう。これがＨＳＰとして生きるこれからの人生で、とても大切なことです。

次のページから紹介するＨＳＰの４つの特徴と照らし合わせて、理解を深めていきましょう。

お母さんやお父さんも悩まないで

なお、ＨＳＰは遺伝に関係しているのだろうか、とお母さんやお父さんは気にするかもしれません。ＨＳＰの研究は近年、どんどん進んでおり、実際、ある遺伝子が関係しているらしい、という研究も報告されています。しかし、繰り返しますが、あくまでもＨＳＰは単なる気質です。生まれつきこうした傾向が強い、ということにすぎません。

お母さん、お父さんにお願いします。**子どもがＨＳＰだとわかっても、自分を責めて、思い悩まないように**してください。親のマイナス方向の感情は、子どもにも自然と伝わるものです。

HSPの特徴、その①
まず、ものごとを深く処理。そのうえで、ていねいに行動する

HSPには4つの特徴があります。あの時、なぜあんな気持ちになったのか、どうしてああいった行動を取ったのか。これから説明していくことを読むと、自分でもわからなかった心の動きがわかり、納得できるようになると思います。

1つめの特徴は、**深く処理する**ことです。

新学期になって、新しいクラスの一員になりました。この時、**ものごとを深く処理しているあいだは、すぐにみんなの輪の中に飛び込もうとはしません。**とりあえず、端っこのほうにいて、クラスを観察してみることからはじめます。たとえば、Aさ

んとBさんは前から同じクラスだったから仲がいい。C君は転校生だから、いまのところはまだクラスになじんでいない。こういった具合に、**同級生どうしがどういう関係にあるのか、自分なりの考えを、じっくりと持つ。これが、深く処理することのあらわれです。**

こうした作業を行って、クラスの特徴をしっかり理解する。そのうえで、自分はどうするのか、クラスの中での立ち位置を決めようとします。どうですか。あなたも、こういう考え方をするのではないですか？

まだまわりを観察している状態の時、誰かに話しかけられることもあるでしょう。こういった時、**HSPの人はとまどってしまい、うまく答えられないことがよくあります。**いろいろな情報を処理している最中で、考えが言葉になる途中なのです。

すぐに答えを出すことなく、あわてて行動しない

授業中、いきなり先生から名指しで質問された時も同じ。HSPの人は、やはりうまく答えることができにくいものです。何かを答えなさいと急に言われると、頭の中

でじっくり考える前に何か言わないといけない。そのプレッシャーから、求められている答えとは違う、とんちんかんなことを話すケースも少なくありません。

こういった行動は、まわりから見ると、ややおどおどしていると受け取られることもあります。本人はものごとを深く処理しているだけなのですが、誤解されてしまいがちなんですね。

一方、良い点ももちろんあります。ＨＳＰの人は、じっくりと先のことまで考える習慣がついているので、あらゆる可能性を想定します。「石橋をたたいてわたる」ということわざのように、**ものごとの進め方がていねいです。これはＨＳＰらしさを上手にいかしている例**です。

たとえばクラスをよく観察し、全体的に活発な雰囲気があるなと判断した場合、文化祭の出し物について、みんながやる気が出るような派手めのものを提案することなどもできます。**深く考えることによって、しっかりした発言や行動ができる。これはＨＳＰの人の大きな長所**といえます。

HSPの特徴、その②
刺激に対して、過剰にビックリ！「プチショック状態」に陥ることも

HSPの2つめの特徴は、**神経がたかぶりやすい**こと。

ものごとを深く処理すると、脳が疲れやすくなり、神経がたかぶって興奮しやすくなります。

たとえば、遠足の前の晩などに、この特徴が強くあらわれます。明日のことを考えると、とてもうれしくて、でもちょっと心配。ワクワク、ドキドキで目がさえてしまい、布団に入ってもなかなか眠れない。こういった経験をしたことがあるのではないでしょうか？

刺激を受けると、神経がたかぶって興奮する。そうなると脳は一層疲れるので、ささいな刺激によって、また神経がたかぶる。この繰り返しによって、自律神経のバランスが乱れて、より疲れやすくなるという考えもあります。神経をたかぶらせる刺激には、さまざまなものがあります。楽しいこと、うれしいこと、嫌なこと、避けたいこと、不安なこと、さらに突然の音や触感など、多様な刺激が脳を強く動かします。

HSPの人の、神経のたかぶりやすさのメカニズムを「温度計」にたとえて説明しましょう。多くの人が生まれ持っている温度計は、刺激に対してゆっくり上昇します。ところが、**HSPの人の温度計は、同じ刺激を受けても急上昇してしまう**。過剰に刺激を受けるのか、そうではないのか。これは、生まれ持った温度計のタイプが違うだけなのです。

興奮すると思考がストップしてしまう

HSPの人が興奮した時、**いきなり思考が停止して、体が固まってしまう**ことが少なくありません。わたしはこれを**「プチショック状態」**と呼んでいます。神経がたかぶっているので、ささいな刺激でビックリし、ショックを受けてしまうのです。

たとえば、学校に着いてから、宿題を家に忘れたことに気がついた。どうしよう！大変だ！とショックを受けた。あるいは、スマホを取り出そうと思ったら見つからない…。一気に不安が高まって思考が停止した。

もっと単純に、大きな音にビックリした！目の前に誰かが急に飛び出してきた！といったことも強い刺激になって、プチショック状態になってしまいます。プチショック状態に陥った時、**その状態が長く続くことも**あります。

学校でショックなことが起こり、放課後、そのまま思考が停止した状態で帰宅。お風呂に入り、ごはんを食べて、布団に入って。それで、ようやく気持ちが落ち着いて、何が起こったのか振り返ることができるようになるケースも見られます。

HSPの特徴、その③
環境や他人の様子に強く反応！ 自分のことのように思う

喜怒哀楽などの感情反応の強さも、HSPの人によく見られる特徴です。

たとえばYouTubeを見て感動すると、繰り返し再生し、そのたびに涙を流すほど心を揺さぶられる。あるいは遠足に行くとき、まわりがあっけにとられるほど、喜びを爆発させる。こういったように、**HSPの人は感情反応が非常に強い**ものです。

ネガティブな感情反応も人一倍強く、小学生のときに先生に叱られたことを、大人になってからも忘れない。そのときの状況を、周りにあったものや背景から、先生の顔色や声のトーンまで、細やかに覚えています。

HSPを提唱したアーロン博士によると、こうした特徴は**脳と感情の強い結びつきからきているそうです。脳で処理した情報は、じつは感情と結びついて記憶されるそうです。

人の感情に共感し、「自分ごと」のように思う

感情に関しては、**共感力の強さ**もHSPの人が持っている特徴の1つです。

人の仕草や表情などを見て、**その人の感情を推察し**（合っているかどうかは別です）、**自分ごとのように感じます**。このため、「あの人は機嫌が悪いな」と感情を推察したら、まるでその人に、自分が怒られているかのように感じ、落ち着かなくなることもあります。

一方、良い面としては、宿題を忘れて困っている子がいるとします。もし自分が同じような状況になったら、まわりにどのように助けてもらえたら安心するか想像して、手伝ってあげます。ただし、共感力が強いがために、困っている人にすごく前のめりに接して、逆にうっとうしがられることも考えられます。

HSPの特徴、その④ ささいな刺激をキャッチ！気になってたまらなくなる

HSPの4つめの特徴は、**ささいな刺激を察知**すること。五感を駆使して取り込むぼう大な情報を、とても細やかに、拾って感じ取るのです。

HSPの人が苦手なのが、光からくる刺激。蛍光灯の光が嫌いな傾向があるようです。夜、蛍光灯が明々とついているコンビニなどはかなりの苦手。できれば行きたくない、と思っているHSPの人が多いものです。

視覚ではほかにも、**ささいなことが刺激に**なります。家の壁紙やレンガの模様、道路のアスファルトのひび割れ、樹々の葉っぱの色彩などを細やかに感じとれるのです。疲れているときには、このような刺激から、気持ちがもやもやすることがあります。

匂いについても、ＨＳＰの人はよく気にするものです。雨の日には電車やバス、タクシーには乗りたくないという話をよく耳にします。湿気を帯びて妙にこもった、あの独特の匂いに敏感で、避けたいと思っているのです。

味にも敏感です。お弁当の中で、違うおかずの汁やソースが混じっていると、もうお手上げ。他の人がいるから黙っているけれど、口の中では、いろんな味がまざって、ごはんを楽しめずにいるものです。

あなたの場合、どういった刺激がいちばん気になりますか？

ＨＳＰの人の脳は、細かな違いがよくわかる！

なぜ、ＨＳＰの人はささいな刺激が気になるのでしょうか？

じつは最近、脳の働きと関係していることがわかってきました。**ＨＳＰの人の脳は、情報処理や意識、共感に関係する部分が、活発に働いている**そうなのです。このため、ちょっとした刺激に脳が反応します。受け取った刺激は、情報として脳が深く処理。そうするなかで神経がたかぶったり、感情が強く反応したりします。ＨＳＰの人の気持ちや行動は、こういった脳の仕組みと強く関係しているのです。

ＨＳＰの人は、４つの特徴をすべて持っている

さて、これまでＨＳＰの特徴を紹介してきました。ではＨＳＰの人は、これら４つの特徴をすべて兼ね備えているのでしょうか？　それとも、ある人は深く処理する傾向が特に強かったり、別の人は過剰に刺激を受けやすい傾向だけがある？

じつは、これら**４つの特徴は、それぞれがバラバラに存在しているわけではありません。脳の働きのなかでつながっており、ＨＳＰの人は４つすべての特徴を持っているのです。**

自分の日ごろの気持ちの動きや、行動の仕方を振り返ってみましょう。そうすれば、あなたも４つの特徴を持っていると、実感できるのではないでしょうか。

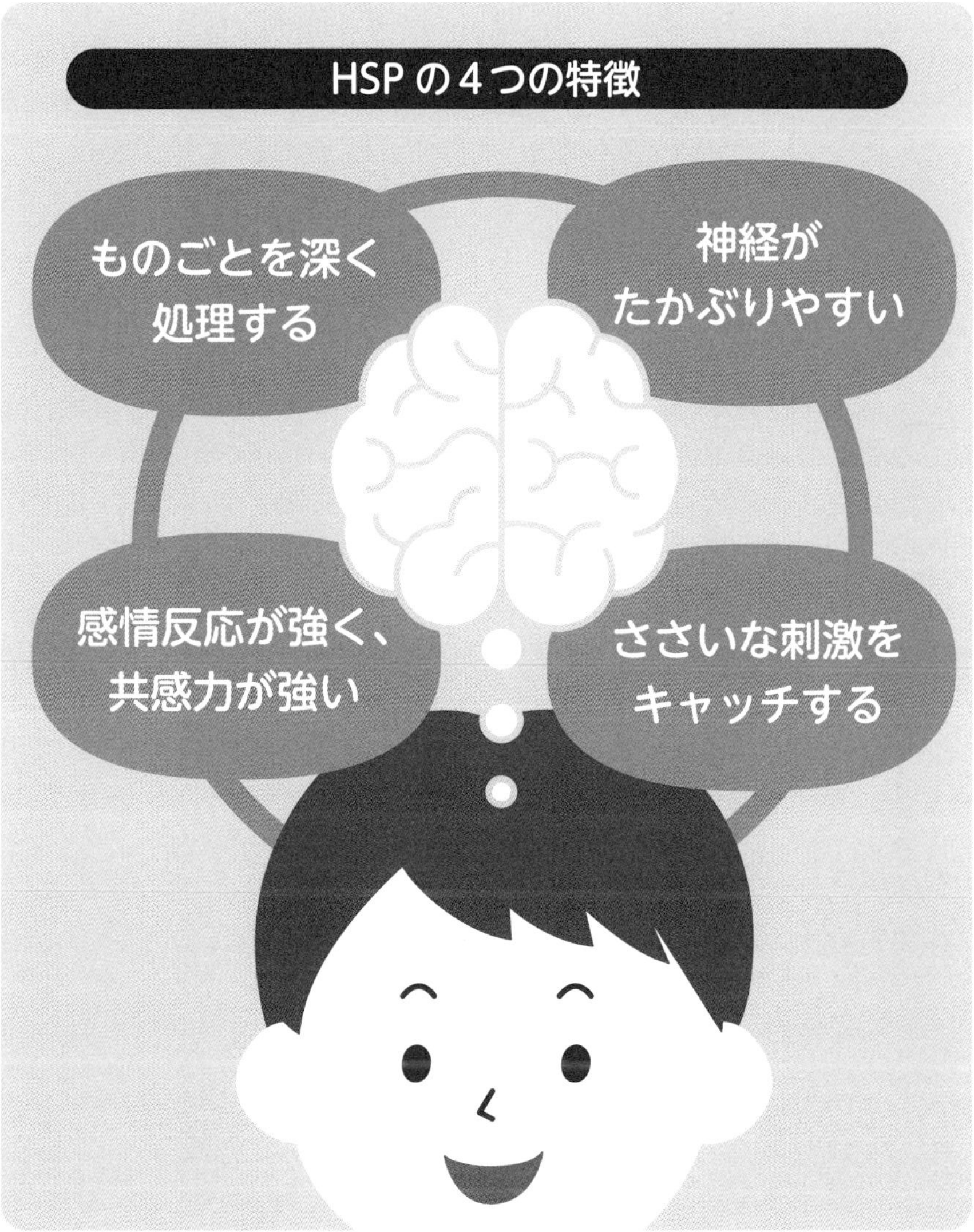
HSPの4つの特徴
ものごとを深く処理する
神経がたかぶりやすい
感情反応が強く、共感力が強い
ささいな刺激をキャッチする

ＨＳＰの人に大事なのは環境。自分に合うところでは、のびのびできる！

ＨＳＰの人が自分らしく生きて、毎日を気持ち良く過ごすためには、環境がとても大事になってきます。というのも、**ＨＳＰの人は環境からの影響を人一倍強く受けてしまう**からです。

取り巻く環境が自分に合っていれば、もちろん、のびのびと毎日過ごすことができます。まわりの人たちと楽しくふれあい、自分の気持ちを無理なく表現でき、自然に行動できるでしょう。ＨＳＰの人は刺激に弱いので、音や光、匂いなども大事な要素になります。耳ざわりな音が響くことがなく、やわらかい光が差し込み、いやな匂いもしないのなら、快適に過ごせそうな良い環境です。

ＨＳＰの人は感受性がとても豊か。のびのびできる環境のなかでは、人の何倍も楽しんだり、笑ったりすることができます。実際、良い環境のなかにいるとき、まわりから見たあなたは、とても明るくて楽しい人柄に映っていることでしょう。

合わない環境のなかでは、リラックスできない…

ただし、残念ながら、合う環境のなかだけで生きていくのは難しいものです。

まわりに高圧的な人がいたり、無神経な言葉を投げかける人がいたりする場合もあるでしょう。**自分に合わない環境のなかでは、ＨＳＰの人はリラックスできません。**萎縮してしまって、自分の気持ちを出せずに、内にこもりがちになります。ときどき大きな音がする、いやな匂いが漂ってくるなど、五感に対する刺激があるところもＨＳＰの人は苦手。これらも良い環境とはいえないので、**本来の自分らしさを発揮にしくくなってしまいます。**

何だか、自分らしくふるまえない……。こういったＨＳＰの人は、まわりの環境が自分に合っていないのかもしれませんね。

普段から控えめで、人の前で発言するのが苦手？それなら、「内向的HSP」かも

人のタイプは本当にさまざま。初対面でもすぐに仲良くなれる社交的な人、人見知りでなかなか打ち解けられない人、誰に対しても何だか高圧的な人など、いろいろなタイプの人がいます。HSPの人も同じ。いろいろな性格とかけあわせて**「内向的HSP」「外向的HSP」「刺激追求型HSP」などのタイプ**があります。これから順に説明するので、自分がどのタイプなのか考えてみてください。

まず、**内向的HSP。内向的というのは、興味や関心が自分の内部に向かう**ことをいいます。普段からとても控えめで、自分から何か発信することを避ける傾向があります。特に、大勢を前にして話すのは得意ではありません。その意味から、授業のな

かでもグループワークなどは不得手な分野。できれば意見を言いたくないと、目立たないようにじっとしています。

本を読んで、想像をふくらませるのが大好き！

内向的HSPの人は、言葉は少ないのですが、話せないというわけではありません。努力すればできるのだけれど、積極的に話そうとはしないという感じです。自分の考えを話すのは恥ずかしく感じ、心の中にとどめておきたい。**話したいことが頭に浮かんでも、それを言葉にするのは苦手。**そう、「苦手」という表現がしっくりきます。「好きではない」「嫌い」ではなく、「苦手」なんですね。

内向的HSPの人は、誰かといっしょにすごすよりも、自分1人でいるのが好き。できれば1日中、本をずっと読んでいたいと思っています。**話すのは苦手ですが、文字を読むのは得意で大好き。**本を読んで自分なりに解釈し、想像をふくまらせることを非常に好みます。自分の世界に浸ることに、とても幸せを感じるタイプです。

人と交流するのが好きで、友だちがいっぱい！ そんな「外向的HSP」もいる

内向的ＨＳＰの人は、他人に自分から積極的に話しかけることが苦手です。小学校から中学校へ、中学校から高校へと進学したとき、なかなか友だちができないのはこのタイプです。

クラス替えをしたときも同じ。新しくクラスメイトになった人たちに対して、なかなか心が開けない。仲の良かった子が別のクラスになっている場合、新しい人間関係を築くのに時間がかかります。ただし、本人は１人でいるのを好むので、必ずしもその状態がとてもしんどいわけではありません。

これに対して、真逆といっていいのが**外向的ＨＳＰ**の人たちです。**外向的とは内向的とは反対に、興味や関心が自分ではなく、外部のいろいろなものごとに向かう**ことをいいます。外向的ＨＳＰの人は、他人に自分から話しかけ、積極的に交わろうとします。このため、進学したときも、クラス替えをしたときも、新しい友だちが早くできるタイプといえるでしょう。

社交的な性格でも、４つの特徴があればＨＳＰ

社交的で、話好き。みんなの輪の中に飛び込むのを好む。こう聞くと、本当にＨＳＰなの？と思うかもしれません。しかし、こういったタイプの人も、「ものごとを深く処理する」「神経がたかぶりやすい」「感情の反応が強い」「ささいな刺激をキャッチする」という**４つの特徴があれば、やはりＨＳＰ**なのです。

にこやかに話しかけながらも、いろいろなことを観察し、心の中で深く処理しています。一見、陽気で社交性にあふれ、みんなといっしょにワイワイ盛り上がるタイプのようですが、心の中では、刺激や人づきあいでのつかれを感じていることが少なくありません。

刺激に弱いけれど、大好き！ 相反する行動をしたがる、謎の「刺激追求型ＨＳＰ」

ＨＳＰの人は、刺激に対して過剰に反応すると説明しました。ですから、みんな刺激を嫌うのかといえば、そうではないタイプの人たちもいます。それが**刺激追求型ＨＳＰ**（ＨＳＳ型ＨＳＰ＝“High Sensation Seeking HSP”の略）です。

刺激追求型ＨＳＰの人も、刺激に対して何も感じないわけではありません。ほかのＨＳＰの人たちと同じく、**やはり刺激を受けると過剰に反応します。にもかかわらず、なぜだか刺激をほしがってしまう。ある意味、相反していることをしたがるのが刺激追求型ＨＳＰ**です。

とても不思議ですよね。えっ、そうでもない？　よくわかりますか？　それなら、あなたは刺激追求型ＨＳＰ。ちなみに、じつはわたしもそうなのです。

アクセルとブレーキを同時に踏みたい！

刺激追求型ＨＳＰの人は、刺激を求めて行動します。そして、やはりＨＳＰなので、**刺激を受けたら過剰に反応し、激しく消耗してしまいます。**日ごろからブレーキを踏んでいるのに、あえてアクセルも踏みたがる。そうすることによって、生きているという実感を得られるタイプの人たちです。冒険やスリルが大好き。自分が知らないところに行くのも好みます。

- **遊園地に行くと、真っ先にジェットコースターに乗りたい**
- **いつかはバンジージャンプやスカイダイビングをやってみたい**
- **知らない場所に行ってみたい**
- **家でじっとしているのは嫌い**
- **やったことのないことをしたい**
- **「きみは何をやるかわからない」と言われたことがある**

これらに半分以上、当てはまれば、あなたは刺激追求型ＨＳＰの可能性が高いといえます。さて、どうでしたか？

コラム1

HSPの生みの親は？

HSPという考え方の生みの親は、アメリカの臨床深層心理学の研究者、エレイン・アーロン博士です。

じつは、アーロン博士自身がHSPでした。子どものころ、顔を水につけるのが苦手で、プールの授業が嫌いだったのだそうです。そのほかにも、自分は人と変わっているところがあると感じていました。

HSPの研究をはじめたのは、大人になってカウンセリングを受けたのがきっかけです。その時、カウンセラーから「とても敏感ね」と言われたことから、心理学者として探究しようと考えました。

当時、HSPに関する研究はほとんどされていませんでした。アーロン博士は独自に研究を続け、1997年に発表した著書『ささいなことにもすぐ「動揺」してしまうあなたへ。』でHSPについて解説しました。

この本は非常に大きな反響があり、世界各国で研究が行われるようになりました。現在では、国籍や性別に関係なく、人口の20〜30％がHSPであるということもわかってきました。

HSPはまだ新しい研究分野。これからも世界中で研究が行われ、新しい情報が発信されることでしょう。

第2章

HSPの自分を知ろう

「どうして？　私が気にしすぎなの？」心がいっぱいいっぱいになってしまうのにはちゃんと理由がある

学校生活は楽しいこともありますが、時には緊張やストレスが溜まることもありますよね。例えば、次のようなときあなたの心の中ではいろいろな気持ちがグルグル渦巻いていませんか？

- 友達の態度がいつもよりそっけない気がした
- 大きな声の先生が苦手
- 給食の時間が短くて食べきれない
- 部活の先輩や後輩の気持ちを察しすぎて疲れる
- 宿題や課題は完ぺきにこなそうとして気が重くなる

私、何か悪いこと
したかな？

いつも怒られている
みたいでヤダな

いろんな味が混ざって
気持ち悪いのに

ギスギスした雰囲気を
私が何とかしなきゃ

きちんと形にしないと
納得できないのに！

そして、これらの気持ちがいっぺんに押し寄せて来て、心がパンクしてしまうこともあるかもしれませんね。

「こんな些細なこと誰にも相談できない」と、いっぱいいっぱいになってしまった自分の状態を**うまく言葉に表せずに「しんどい」「もう学校行きたくない」としか言えなくなってしまう**——これはＨＳＰの人＝ＨＳＰさんの気質によるものなんです。

HSP さんが学校へ行きたくなくなる心理過程
先生が
イヤ
宿題の提出
ペースに
付いていけない
給食の
出され方が
イヤ
1
ささいなことの
積み重ね
2
ささいなことという
自覚があるので、
誰にも言えない…
3
気持ちがパンク !!
4
学校に
行けなくなる

「学校がしんどい」理由は HSPの特徴「DOES」で見えてくる

どうしてHSPさんは学校生活で「しんどい」状態になりやすいのでしょうか。

それは、HSPさんは人一倍、感受性が強く、五感（視覚・聴覚・触覚・味覚・嗅覚）が敏感だということと、さらに人の気持ちや考えをするどく察知できるので、強く共感しすぎて心も体も疲れやすいからなんです。

それでは、しんどくなってしまう理由を、前章でお話しした「DOES」というHSPの４つの特徴に沿って、もっとくわしくみていきましょう。

DOESとは？

D
(Depth of processing)
処理の深さ

O
(Overarousal)
神経の高ぶりやすさ

E
(Emotional intensity)
強い感情反応

S
(Sensory sensitivity)
感度のするどさ

D
(Depth of processing)
処理の深さ

HSPさんは、自分が受け取った情報を
じっくり処理する特性があります。

⬇

だから とても「慎重」で「考えすぎ」てしまうので、行動に移すまでに時間がかかることがよくあります。それでチャンスを逃してしまったり、消極的な人と誤解されてしまいがちで悲しい。

O

(Overarousal)

神経の高ぶりやすさ

脳の神経反応が活発なので、ちょっとした刺激でも気分が上がったり、逆に落ちたりと気分のアップダウンが激しいことも特徴的。

⬇

だから 楽しいことでガッとテンションが上がったと思ったら、他人の言葉や態度の変化にビクッとしてしまう。「何か傷つけること言ったかな？」と急に心配が襲ってきて怖くなる。

E

(Emotional intensity)

強い感情反応

HSPさんは、他人の感情に強く共感してしまうという特徴があります。

⬇

だから 誰かが怒られている様子を見ただけで、まるで自分が怒られているように感じて落ち込んだり、傷ついたりしてしんどい。

S
(Sensory sensitivity)
感度のするどさ

HSPさんは些細なことでも敏感に反応してしまい、
ちょっとした違いにもよく気が付く性質があります。

⬇

だから どこか遠くで鳴っている電子音や周囲の人の咳払いなどが気になったり、ニオイなどにも敏感に反応してしまう。集中力が途切れてしまう自分がいやになってしまう。

神経の高ぶりやすさが気持ちを言葉にする余裕をなくしている

自分の周りの様子や気持ちを敏感に感じ取ることができるHSPさんですが、**神経が高ぶりやすいせいで自分自身の気持ちや感覚には気づきにくく、モヤモヤした心の内を言葉にして表現することが苦手**なことが多いようです。逆に言うと、学校に行きたくなってしまうくらい神経が張りつめてしまっても、自分で上手になだめたり、自分なりにリラックスする方法がとれれば、「自分は本当はどうしたいんだろう」という疑問に答えられる余裕が戻ってきますよ。

高ぶった神経をクールダウンする方法

では、神経の高ぶりを上手にコントロールする方法をもう少し掘り下げていきますね。きっとHSPさんは、しんどい気持ちを「言葉で表せない自分っておかしいのかな」「親や先生に変だと思われてないかな」とプレッシャーを感じてしまう人が多いと思います。

でも**リラックスできる方法さえわかっていれば、「どうしてこんな気分になったのか」周りの人に説明できる気持ちの余裕ができる**ので安心してくださいね。まず、高ぶった神経をクールダウンするにはこんな方法があります。

①自分が「したい」と思うことをする

まず、**自分なりに神経が落ち着くことをやってみる**ことが1番重要。本を読むのが好きならお気に入りの本のページをパラパラめくってみたり、公園を散歩してみたり。あるいは電気を消しておふとんをかぶってじーっと横になるとか、眠たくなったらそのまま寝ちゃうとか、なんでもいいんです。

②五感が心地よくなるものを身近に置く

五感（視覚・聴覚・触覚・味覚・嗅覚）が気持ちよくなるようなものを身近に置いて、緊張状態から感覚を解きほぐしていきましょう。

窓からずっと星を眺めたり、きれいな音楽と一緒に外国の風景を見せてくれるYouTubeを見たり、アロマなど良い香りを嗅いだり、好きなものを食べたりして**心地よいことで五感を刺激**しましょう。

また、肌触りの良いブランケットやハンカチ、小さなころから大事にしてきたぬいぐるみを触ったり、抱きしめてリラックスしても。中でもおすすめしたいのは、水に触れること。手の感覚に意識が向いて気持ちを切り替えるきっかけになりますよ。

自分の気持ちを言葉に変えて自分の心を解放しよう

自分の気持ちを言葉にすることは、自分も周囲の人もラクになる第一歩。少し気持ちの波がおさまってきたなと感じたら、自分の気持ちや考え・体の感覚に集中してみましょう。そして、自分の気持ちを言葉にするために、次ページの4ステップで自分の気持ちをひとつひとつ助け出してあげましょう。

気持ちを書き出して、「誰の」気持ちなんだろう？「誰に」対する気持ちなんだろう？と改めて見直していくと、混乱した情報がだんだん整理されていきます。すると自分の気持ちや考えを言葉として取り出すことができるんです！

「なんかしんどいな」と感じたらその時の気持ちを書き出して、「大丈夫？私はどうしたいの？」と自分の心に聞いてあげてくださいね。

言葉にするための4ステップ

STEP 1

今、思っていること・感じていることをすべて書き出してみよう

たとえば　言い返したいけれど、無理かもしれない

↓

STEP 2

最初に書き出した内容に「誰は」「誰に」を付け足してみよう

たとえば　『**私は**』『**あの人に**』言い返したいけれど、
無理かもしれない

↓

STEP 3

自分の気持ちを再確認してみよう

たとえば　私は、あの人に直接言い返すのは
無理かもしれないけど、『**悔しい**』気持ちでいっぱい

↓

STEP 4

自分は「どうしたい」かを決めてみましょう

たとえば　私は、あの人に『**近寄ってほしくない**』

コラム2

有名人の公表でHSPが身近になってきた

HSPの人は、繊細で豊かな感受性を持っており、その特性を活かしてアーティストとして成功している人がたくさんいます。有名人の中でも、私が考えるHSPらしい人物は、2009年に亡くなったミュージシャンのマイケル・ジャクソン。彼は、音楽やダンスの並外れたセンスに加え、芸術的でクリエイティブな才能で世界中の人々を魅了しましたが、「マイケル・ジャクソンであることがつらい」と傷ついた心の内を吐露することもありました。

また、彼は何度も整形手術を繰り返していたとも言われています。その理由は1つではないと思いますが、自分に対して「完璧」を求める姿勢、これもHSPの特徴だと理解すると説明がつきます。

同じくミュージシャンのレディー・ガガもHSPであることを公表している一人。「私たちは話に耳を傾け、経験を共有しあうことが大切」とさまざまなチャリティを支援しています。HSPの特性である強い共感力が彼女の行動の原動力になっているのでしょう。

国内でも最近では、「ロンドンブーツ1号2号」の田村淳さんや元「でんぱ組.inc」メンバーの最上もがさんなどが自身のSNSやテレビ、雑誌でHSPであることを公表しています。そんな有名人たちは、HSPの生きづらさに葛藤もあると思いますが、HSPならではの長所を活かしてキャリアを築いてきた人たちとも言えますね。

第3章

HSPの自分を活かす方法

繊細すぎ、傷つきやすくても大丈夫！ HSPの特性は誰よりも優れた「長所」になる

周囲のさまざまな刺激に敏感でひとより繊細な感受性を持ったHSPさん。HSPさんは、大多数の人と比べて、音や光、においなどの刺激に強く反応しやすく、ものごとを深く感じる傾向があります。そのためHSPさんは、まわりの人たちの言動や感情にも敏感に反応して、心が傷つきやすい面もありますよね。

このような気質は、HSPさんにとって「生きづらさ」を感じさせることもありますが、**視点を変えると実はたくさんの「長所」、あるいは自信をもって生きていける「武器」にもなる**ことを、この章でくわしく解説したいと思います。

HSPには「DOES」と呼ばれる4つの特徴があることは先に書いたとおりです。この特性で、心も体もへとへとに疲れてしまうことが多いHSPさんですが、見方を変えれば、ほかの誰よりも優れた長所、武器になるんですよ！

4つの特徴が優れた長所になる

1

処理の深さ(Depth of processing)

▼

物事の真実の姿を見抜く力がある

2

神経の高ぶりやすさ(Overarousal)

▼

危険やリスクをすばやく察知

3

強い感情反応(Emotional intensity)

▼

相手の気持ちに寄り添い、安心感を与える

4

感度のするどさ(Sensory sensitivity)

▼

たくさんの情報から全体像をとらえる

例えば、ＨＳＰさんは自分の感覚に敏感であるため、自分自身について深く考えることが多く、自己理解力が高い傾向があります。つまり、ＨＳＰさんは物事をよく観察し、深く深く考えることができるので、創造性が高く、新しいアイデアを次から次へと生み出すことができるポテンシャルの持ち主だと言えます。

ＨＳＰさんは自分の感性を信じて！

このようにＨＳＰさんの繊細で感受性が豊かな特性は、大多数の人たちとは異なる視点を持っているので、たくさんの長所になりうるということがわかってもらえたと思います。

そのためにはまず**ＨＳＰさんは、自分の感性を肯定することが大切。**自分自身に自信を持つことができれば、周囲の人たちとのつながりや、創造性、思いやりなどの長所をさらに伸ばすことができるんです。また、**自分自身について深く考え、自己理解力を高めることで、とても充実した人生を送ることができる**でしょう！

では、ＨＳＰさんならではの長所（特性）を学校生活や趣味のほか、将来の進路でどんな形で活かすことができるのかを見ていきましょう。

趣味での長所①→粘り強さ、あきらめない そのストイックさ、アスリート級！

中・高校生のHSPさんが趣味やクラブ活動などで発揮する長所としてまず一番に挙げられるのは**「目標に向かってストイックに努力できること」**です。

どんなことでもやり始めたら途中であきらめたり、投げ出すことはほとんどありません。自分が納得する結果が得られるまで、体力が続く限りとりくむタフな面も持ち合わせています。

自分の目標に一直線！

例えば、お料理やハンドクラフト系の趣味や、イラストや楽器の演奏のほか、動画編集といったクリエイティブな活動において、自分の納得がいくまで丁寧に取り組むのが好きです。また、スポーツやアクティブな活動でも大会への出場や優勝を目標に、**コツコツと粘り強く練習を重ね、結果を生み出しやすいタイプ**です。

しかし、HSPさんはストイックに取り組みすぎるあまり、その経験やプロセスを「楽しむ」ことよりも、まるでプロのアスリートのように「無の境地」へと自分を追い込みがち……。なので「楽しい？」と聞かれて、時々答えに困ってしまう人が多くいるようです。

長所をもっと伸ばしたい！なら……

自分自身が望む目標に向かって努力することは、なかなかできそうでできないこと！ただ、HSPさんは自分を追い込みすぎがちなので、そうならないように注意してくださいね。**時々は趣味や好きなことをしている心地よさに意識をフォーカスする**ことも大切です。

趣味での長所② 先読みできる
自分に何が必要なのか、先を見据えて取り組める

HSPさんの「先読みした準備ができる」という特性は、趣味やクラブ活動でも活きてくる長所です。HSPさんに備わっているクリエイティブ性や豊かな想像力もプラスすれば、授業や課題においても、自分なりの創造的なアプローチを試みることができますよ！　例えば、作文や発表などで自分のアイデアを披露する際には、**自分なりの視点や感性を盛り込んで、オリジナリティのあるものを作り出すことができる**はず。

必要なスキルを身に付けることにも努力を惜しまない

デザインやイラスト、音楽などの創作分野に興味がある場合には、**将来の目標を明確にして、そのために必要なスキルや知識を身につけることにも力を注げるのがHS**

Pさんの特性。さらに自分の作品が世に出た際には、どのように反応されるかを先読みし、さらなる創作意欲を高めることができます。

音楽やスポーツをする際には、自分が目指す表現や結果を具体的に先読みして、そこに向かって取り組みます。例えば、ピアノ演奏ひとつとっても聴衆の表情を想像しながら「あのホールなら音色がこんな風に広がっていくはずだから弾き方は……」と入念に脳内リハーサルを繰り返します。結果を出すためにどうすればよいか、常に深く考えながら取り組むので、周囲からの評価も高めることができます。

長所をもっと伸ばしたい！なら……

周囲の人の気持ちやちょっとした変化も敏感にとらえることのできるHSPさんなので、趣味やクラブ活動においても周りの人はどんなことを期待しているのか、どういうもの（こと）がたくさんの人を喜ばせるのか——そういう周囲のニーズがなんとなくわかってしまいます。

そんな「先を読む力」は、人よりも先に行ける力に変換することもできるんです！　自分が何を得意としているのかを見極めて、将来の自分に向けた準備をしていきましょう。

趣味での長所③→配慮に長けている
もしかしたら影の司令塔かも!?唯一無二のスーパーサブ

意外かもしれませんが、HSPさんの「配慮に長けている」という特性は、サッカーや野球などのチームスポーツにおいて素晴らしい効果をもたらします。

チームスポーツではチームメイトのコンディションや動きをよく観察しつつ、自分がどう動くべきなのかを考えることが求められます。**表情や声色、動作から周囲の人の状態の変化にいち早く気づけるHSPさんは、その特性を活かしてチーム内で自分のスキルをいかんなく発揮**している人も多いんです。

あらゆる面でチームを支えるすごい人

なので、そんなHSPさんは**自身が司令塔的な役割に立つこともできますし、また**

は司令塔的な立場の人を補佐するスーパーサブ的な役割を果たせるオールラウンダーとも言えます。

また、チーム全体の動きを見て、自分のやるべきことや課題を見出すことができるので、チームも自分自身も良い方向へ導くことができる人です。

長所をもっと伸ばしたい！なら……

感受性の高いHSPさんは、周りの人たちの様子が明るくなることが、自分のように嬉しく感じるものです。なので、**自分の得意なことや興味があることを活かして、クラブ活動や学校行事に参加するのがおすすめ。**自分の働きに対してその場で感謝されることは大きなやりがいになりますし、チームのために役立てるというモチベーションを見いだすこともできるでしょう。

趣味での長所④→仕上がりにこだわる

記録や結果だけじゃない。独自の美意識も追求したい

皆さんのなかにはテニスや水泳を長く続けているという方もいるでしょう。きっとさまざまな目標や目的をもって取り組んでいるのだろうと思いますが、それと同じくらいの熱量で「美しいフォーム」を追求するのがＨＳＰさんの良さでもあります。

ボールを遠くへ飛ばしたり、タイムを縮めるために正しいフォームやポジションを取ることは基本ですが、ＨＳＰさんはより完璧なフォームに到達することを目指します。

あるいは、ファッションやメイクに興味があるＨＳＰさんならば、洋服の全体的なシルエットや素材感、メイクならばまつ毛の角度やネイルへの**並外れたこだわりや美意識を持っている**人が多い印象があります。

理想や目標は自分を燃やすエネルギー

理想に近づくために、こだわりを持つことはとても素晴らしいことです。HSPさんはそのこだわりを活かすことで、自分の得意分野や興味を見つけ、それを追求することができる特性を持っています。

また、自分の理想像を持っていることで、その理想を実現するために努力することができます。つまり**HSPさんにとって理想や目標は、自分の成長へとつながるモチベーション**なんです。

長所をもっと伸ばしたい！なら……

例えば、英語でかっこよく話せるようになりたいHSPさんは、理想に近づくために自分の得意な言語や興味のある文化を深く学ぼうとするでしょう。そして学校の授業だけでなく、憧れの外国人のSNSをずっと見るなど、自分自身が興味を持って取り組める方法を探してどんどん自分のスキルを高めていくことだって可能です。

自分自身が持つ「こだわり」を活かし、その分野で成長し続けることで、将来的には趣味を超えて仕事としても役立てることができるでしょう。

趣味での長所⑤
↓
内面の世界観を表現するのが得意
頭の中に広がる世界は無限大！

HSPさんは内面に秘めた豊かな想像力や空想力が働いて、芸術や音楽、自然の美しさに深く感動する傾向が強くみられます。HSPさんならではの特性と感動を重ねていくうちに育まれた**「豊かな世界観」を活かして、自分の興味や得意分野を見つけ、それらをさらに追求していくことで、自己実現**につなげることができます。

むしろひとりの時間が大切だったりするんです

あらゆるもの・ことに対してかなり具体的で詳細なイメージを膨らませることができるHSPさんは、ひとりで過ごす時間も全く退屈しません。むしろ、自分本来の生き方や心を満たす時間を楽しむことができる充実した時間だと思っているHSPさんが多いはず。

なので、**他の人と違った感性を持っていることを自信に変えて、自分の世界観を何らかの形で表現する機会を作ることをおすすめ**したいと思います。

例えば、グラフィックアートの分野で自由に頭の中に思い浮かぶことを描き切ったり、ダンス動画で振り付けはもちろんのこと、撮影方法も新しい器材や手法を取り入れたりして、クリエイティブな能力を伸ばすことができそうです。

長所をもっと伸ばしたい！なら……

このように自己の内面世界が充実しているHSPさんは、自分自身が持つ価値観や考え方に基づいて物事を深く考えることができます。そのため、他の人では思いつかないアイデアやストーリーが次から次へと湧いてきて表現しきれないこともありますが、**自分の理想像を実現するために目標を持ち、努力することができる**のもHSPさんの良さ。そんな姿に周りの人の注目集めてカリスマ的な存在になるHSPさんも少なくありません。

進路での長所① 丁寧な接客やサポート
優れた共感力で、必要なモノ・ことが手に取るようにわかってしまう

HSPさんの特徴のひとつである高い「共感力」。他人の気持ちの変化にとても敏感に反応でき、人一倍感情移入できます。「誰かの役に立ちたい」「この人の力になりたい！」といつも考えているHSPさんはたくさんいるかもしれませんね。

そんな共感力の高いHSPさんは、**一対一で向き合って相手の気持ちやニーズに的確に応えるお仕事が向いている**と言えます。

例えば、医療職。患者さんの表情や様子から痛みや不快感を感じ取って、誰よりも先に手助けに行くことができます。そして販売職では、お客さんのニーズを瞬時にキャッチして、商品説明などを丁寧に行うことができるので、お客様に感謝されることが多いのです。

共感力は動物や自然に対しても発揮できる

さらに、HSPさんの共感力は動物や自然に対しても発揮されます。**五感が鋭いので、普通の人であれば見逃してしまうような動物が発するサインや仕草をキャッチしたり、草木のちょっとした変化にも気づくことができます。**

騒々しい環境が苦手なHSPさんにとって、緑に囲まれながらお仕事できる空間やモフモフした動物たちに触れられる職場は居心地の良い環境だとも言えるでしょう。

こんなHSPさんに向いているお仕事

共感する能力に優れていて、他者に親身に寄り添うことができるHSPさん向きのお仕事には、たとえばこんな職業があります。

●看護師　●介護福祉士　●整体師
●エステティシャン　●心理カウンセラー
●トリマー　●動物看護師　●ペットショップ店員
●花屋　●ガーデンデザイナー　●フラワーコーディネーター

進路での長所②→リスク管理
小さな変化も見逃さず、先を読む力で未来を予測！

他の人は見過ごしてしまうような細かい点に気が付いたり、優れた想像力で将来を予測することができるのでさまざまな危険を回避する能力のあるＨＳＰさん。このような特性は、仕事上の**あらゆるリスク（残業や人手不足による心身への負担やそれによって発生する事故など）をあらかじめ防ぐ「リスクマネジメント」としてその力を発揮**することができるでしょう。

例えば金融系のお仕事は、数字に関するミスを極力避けることが求められます。慎重に物事を進める傾向のあるＨＳＰさんは、細かい確認やダブルチェックに向いています。また、文章中の誤字・脱字や内容の矛盾点なども見つけるのも得意なので、契約書の管理やチェックが重要になる職場でも活躍できるでしょう。

未来を予測できるからトラブルにも慌てない！

また、安全性が強く求められるイベントの開催、子どもや高齢者に関わるお仕事など**綿密な準備や下調べが必要なお仕事もHSPさんには適している**と思います。イベントなどで何かトラブルが起きても、先に予測されていれば「こんな時にはこうすればいい！」とすぐに対処できますよね！

HSPさん特有の「先を読む力」や「敏感さ」はリスクマネジメントや安全管理などに活かされるはずです。

こんなHSPさんに向いているお仕事

未来を予測する力や想像力に優れ、細かな変化も見逃さない敏感さも持ちあわせるHSPさん向きのお仕事には、たとえばこんな職業があります。

●検査や検品、分析に関わる仕事　●経営コンサルタント
●事務　●経理　●データ入力
●システムエンジニア　●テスター、デバッガー
●ソフトウェア開発　●Webマーケター

進路での長所③→優秀な右腕になれる
細かい気配りと全体を見る能力を駆使してリーダーをサポート

他人の気持ちや考えを先回りして察することができる特性を活かして、リーダー的な存在の人を上手にフォローする役回りに立つHSPさんは多いです。

学校生活でも、例えば文化祭の実行委員長に代わって、細かい部分の交渉事や予算の管理を一手に引き受ける「委員長の右腕」的な存在として活躍する人もいるでしょう。

HSPさんは相手の気持ちをまるで自分のことのように感じ、気持ちにそっと寄り添うことのできる人。だから、**リーダーの何気ない仕草や表情から、悩みや不安を察し良いタイミングで自然とフォローできてしまいます。**ある意味、聞き上手なので「よく相談される」というHSPさんが多いのもこういった特性からなんです。

気が利くのは五感で周囲の変化を察知できるから

また、ＨＳＰさんは周囲の状況を五感をフル稼働させて把握しているので、困った人がいればすぐに気が付き、手助けやアドバイスできます。しかも適切すぎるサポートなので、「えっ！　なんでわかったの？」と相手が驚くこともしばしば。こんなことがよくあるので、**ＨＳＰさんは周りから「気の利く人」として評価され、チームのまとめ役などに推薦されることも**あります。ただし、自分自身がリーダーになることよりも、あくまでも縁の下の力持ちに徹します。

こんなＨＳＰさんに向いているお仕事

周りの人の気持ちや様子を敏感に察知することができ、人の役に立つことが何よりの喜びであるＨＳＰさん向きのお仕事には、たとえばこんな職業があります。

●秘書　●事務　●家事代行　●図書館司書
●学芸員　●ＣＯＯ（最高執行役員）

進路での長所④
↓ ムードメーカー
ギスギスした雰囲気もHSPさんの機転で穏やかな雰囲気に！

ギスギスした雰囲気が苦手なので、その場の空気感をものすごく大事にするHSPさん。学校生活でもなんだか落ち込んでいる友達に声をかけてみたり、「髪の毛切った？」などちょっとの変化をとらえて話題を盛り上げたりしているはず。

そんなHSPさんは**メンバーが気持ちよく動けるように、仕事の内容はもちろん、メンバー同士の関係性に至るまで「そんなところまで!?」という細かなことまで気を回して調整します。**空気を読むのが得意なので、ムードメーカー役にぴったりなんです。資料を事前に用意したり、「ひと息つきませんか？」と飲み物を差し入れたりなど、良いタイミングでさりげない気遣いができるため、目上の人から可愛がられることも！

「ありがとう」のひと言で頑張れる……けど

そして、自分の行動に「ありがとう」という反応があれば、人の役に立っている！自分の居場所がここにある！と人一倍喜びを感じるのがＨＳＰさん。ただ、自分が犠牲になってでも相手を優先してしまいがちなので注意が必要なんです。

あくまでも自分が心地よくいられるペースを守って、サポートする余裕がある時にサポートしよう！という心構えでいることが、ＨＳＰさんも周囲の人もストレスを感じない良い距離感でいられる秘訣ですよ！

こんなＨＳＰさんに向いているお仕事

いつも周囲の状況を五感で察知し、その場の雰囲気を良好に保つことのできるＨＳＰさん向きのお仕事には、たとえばこんな職業があります。

- 秘書
- 事務
- 看護師
- 介護福祉士
- エステティシャン
- ＹｏｕＴｕｂｅｒ
- セラピスト
- 心理カウンセラー
- 動物看護師

進路での長所⑤→正確に物事をやり遂げる
ひとつのミスも見逃さない！
しかも美しさにもこだわります

些細なことにも気を配りすぎてしまうHSPらしさは、正確さや細かさが求められる仕事においては、強みとなるのです。

例えば、数字を扱うことが好きなHSPさんには、経理や税務、会計などの仕事で活躍できるでしょう。そこでは、税務や会計はルールに従って数字を処理していく必要があります。HSPさんは**ルールに従って正確に仕事をこなすことが得意という以前に、むしろ好きなほう**なので、そういった仕事に向いているんです。「1円も狂わずぴったりあった時が快感！」なんて話すHSPさんもいるくらいです。

見えないところも手を抜かない

また、HSPさんは物事の細部にまで気を配る必要があり、正確さや緻密さが求められるプログラミングやシステムエンジニア、Webクリエイターなどの技術職もぴったりです。システムエンジニアの仕事はプログラムの記述間違いに気を配るのはもちろんですが、全体の記述法が美しく整っているかどうかまで調整できるのは細かいところに気がつくHSPさんだからこそできる技！

HSPさんは、ひとつひとつの仕事が丁寧で、細かい作業もあまり苦になりません。なぜなら**「些細なことが気になってしまう」というネガティブな特徴が、逆にほかの人より優れた長所やスキルとして大いに発揮できる**からなんです。

こんなHSPさんに向いているお仕事

繊細で丁寧、そしてひとつのことを掘り下げて深く考えることができるHSPさん向きのお仕事には、たとえばこんな職業があります。

- ●システムエンジニア　●ネットワークエンジニア　●プログラマー
- ●ソフトウェア開発　●Webデザイナー　●Webマーケター

コラム3

HSPは遺伝する？

「HSPは遺伝するの？」と、HSPさんなら一度は考えますよね。最新の研究によるとHSP遺伝子というものは存在しませんが、ある種のホルモンや「遺伝」が何かしら関係していることがわかってきました。

とはいえ、「うちの親は大雑把な性格なのに？」とお話しされるHSPさんが多いことも確か。だけど、自分のHSPらしさを本質的に理解できた時、周りを見回したら実はずっと身近にHSPさんがいたことに気付く時が来るかもしれません。

とかく「生きづらさ」にスポットが当たってしまうHSPさんの繊細さですが、本人がHSPを肯定的にとらえるか、そうでないかで「人生の質」は大きく変わってくるものなんです。HSPさんの「DOES」という4つの特徴によって、深く心が傷つくことがあるかもしれません。でも、人より優れた感受性の持ち主であるHSPさんは、自然の豊かさや人とのコミュニケーションはもちろん、日常生活のさまざまな場面において、感動と新たな発見に満ちた経験を積み重ねていけるはず！　HSPさんの特徴は豊かな人生を送るチャンスでもあるんです。

物事の真実の姿を見抜く

危険やリスクをすばやく察知する

相手の気持ちに寄り添う

たくさんの情報から全体像をとらえる

＼＼ すべてが長所になる!! ／／

第4章

よくあるこんな時は
どうすべき?

成績が下がってしまった。親や先生の期待を裏切った。やだ、見捨てられてしまう！

学校の成績のことは、とても気になりますよね。敏感なＨＳＰさんなら、なおさらです。あなたもすごくドキドキしたり、ひどく落ち込んだり、大きな不安を感じたりした経験があることでしょう。

前回のテストでは90点を取れたのに、今回は65点しか取れなかった……。こういった場合、誰もがショックを受けてがっくりします。多くの人は、いったん落ち込みはするものの、しばらくすると気持ちを切り替えることもできるでしょう。

しかし、ＨＳＰの人はそういうわけにはなかなかいきません。**気になるのは、単に成績が下がったことだけではない**からです。

親や先生の反応がすごく気になって…

成績が悪くなると、まわりからの評価も下がってしまいます。先生は直接、あなたには何も言わないかもしれません。けれども、とても敏感で、ものごとを深く処理しようとするHSPさんには、**先生の心の声が聞こえてくる**ような気がします。どうしたの？　もっとできると思ってたんだけどねえ。勉強が足りないのかなあ？　次は大丈夫？

もちろん、**おとうさんやおかあさんの反応も気になります。**しかも先生とは違って、もっとストレートに声をかけてきそうです。

「ちょっと、この点数はなあ…」「どうしたの？　勉強してなかったの？」などと言われると、心がキュッと縮こまってしまいます。

成績が下がって、**HSPの人が落ち込む大きな理由は、こうしたまわりの人の期待を裏切ってしまうこと**です。ただ落ち込むだけではなく、**先生や親に見捨てられるような恐怖を感じる**ことさえあります。

感情反応の強いHSPの人にはよくあることです。わたしも不安の大きな学生時代を過ごしたので、よくわかります。

「1＋1って、なんで2？」先生に聞いても答えてくれない。わたしが悪いの？

勉強のことで、いろいろ悩んでいる人は多いものです。あなたは、わからないことがあれば、そのまま放っておけますか？　それとも、しっかり理解するまで頑張ってみますか？　ＨＳＰさんはものごとを深く処理し、納得できるまで突き詰めたいので、あなたも頑張るタイプなのではないかと思います。自分で勉強するだけではなく、先生にも質問するのではないでしょうか。このとき、ＨＳＰさんは傷ついてしまうことがあります。

ＨＳＰの人は、少しでもわからないことがあれば、もやもやしてしまいます。ただ、疑問に思う点が非常に細かい。これが、先生からすれば、ちょっとややこしいところです。

たとえば、1＋1はなぜ2なの？　「1と1」でもいいのでは？　0に何をかけても、なぜすべてが0なの？　「＝」「＋」「×」「÷」って、そもそもどうしてこんな記号？

こういった本来、疑問を感じる必要のないところに引っかかってしまうのです。哲学的ともいえるようなことなので、教科書を繰り返し読んでもわかりません。そこで、授業のあとなどに、先生をつかまえて質問することになります。

先生の対応にがっかりし、傷ついてしまう

でも、こういった質問をされると、先生もちょっと困ってしまいます。納得させられるような答えはなかなか見つからないでしょう。本来、学んでほしいのは、その先のことなのですから。先生によっては、あからさまに「こいつ、めんどくさいな」という表情を浮かべるかもしれません。こういった対応をされると、HSPさんは先生にがっかりしてしまいます。そしてそれだけではなく、深く傷ついてしまうのです。

先生に拒否された、自分のことをわかってもらえない、もういやだ…。こういった気持ちが強くなると、学校に行きたくないと思うようになることもあるほど。つらいことですが、これも小・中・高校生のHSPの人に見られる悩みごとです。

受験が近づいたとき、「学校のランクを下げたら」と先生に言われて落ち込む

中学3年生、あるいは小学6年生のときに、多くの子どもたちは大きな関門の前に立たされます。高校受験、あるいは中学受験にチャレンジすることになるのです。自分の勉強しだいで、その後の進路が変わるのですから、誰しもプレッシャーを感じます。HSPさんならなおさらで、受験の前年あたりから、いろいろと深く考え込むことでしょう。

こうしたとき、**「きみの成績なら、受験校をワンランク下げたほうがいいんじゃないかなあ」**と担任の先生に言われたら？

目標とする高校、中学に合格するため、一生懸命に勉強してきたはず。それなのに、

こうした進路のアドバイスをされてしまったら、どうすればいいのでしょうか。自分でもちょっと無理かな、と思っているのであれば、先生のアドバイスに従うことでしょう。ただ、それでも**内心ではひどく傷ついてしまう**はずです。

一方、自分では大丈夫かもしれないと思っている場合、先生に対して不信感を抱いてしまいます。なぜ、そんなことを言うのだろう、**本当に自分のちゃんと見てくれているのだろうかと、先生のことを信用できなくなってしまいます。**

思い切って好きなことに没頭しよう

こうした状況になっても、ＨＳＰさんの性質上、その後も頑張って努力したいとは思うことでしょう。しかし、先生から納得のいく説明が受けられなかった場合、ショックから立ち直るのに長い時間がかかる可能性もあります。受験勉強に支障が出るかもしれませんし、進学してもしばらくの間は勉強に集中できなくなることも考えられます。

先生に言われたのはすごくショック。でも、そのショックを乗り越えなければいけないのに、自分にはなかなかできない…。こうして自分を責め続けてしまうのです。

このような時は、思い切って好きなことに没頭する時間をとりましょう。ショックの原因と距離をちゃんと取れるようになることも、ＨＳＰの人にとっては重要なサバイバルスキルのひとつです。

先生と関係性を築きたい。でも、すごく気に入られても困る。どうしたらいいの？

ＨＳＰさんは先生に対し、自分のことをわかってほしいと期待し、強い関係を求める傾向があります。

また、ものごとを深く処理したいので、勉強でわからないことがあれば、授業のあとで先生に質問しにいくこともあるでしょう。

こうした**ＨＳＰの人の姿勢は、先生から気に入られることがあります。**先生も人間なので、自分になついてきたり、前向きにどんどん質問してきたりする生徒に対して、悪い感情は抱かないでしょう。いい子だなあ、と思っても無理はありません。

「先生のお気に入り」にはなりたくない

しかし、ここがHSPの人の複雑なところで、**先生と強く結びつきたい一方で、特別扱いされるのは好みません。**「あいつ、先生にえこひきされている」とクラスのみんなに思われると想像しただけで、身がすくむ思いがします。

「先生のお気に入り」といった感じで、**クラスの中で目立ってしまうと、学校ではいじめのターゲットになりやすい**からです。

そこで、目立たないようにしたい。でも、先生には自分のことを理解してほしい。わからないところは質問もしたい。しかし、そうすると、目立ってしまうかもしれない…。こうして、**どうすればいいのかと思い詰めてしまいます。**

残念ながら、今の日本の社会では、学校でのいじめを完全に避けることは難しいかもしれません。だからと言って、先生となかよくなることをあきらめないでほしい、とわたしは思います。大切なのは、あなたがあなたの気持ちを大切にすることです。先生のことが大好きな気持ち、困ったことが起きたら助けてもらいたいと思う気持ち。さまざまな気持ちを表現できる感性を活かし、どんなことも話せる大人の人を見つけておくことをおすすめします。

自分のことを先生には理解してもらいたい。でも、わかってもらえない…

学校で誰と仲良くなるのか、友だちは自分で決めることが可能です。しかし、先生については選ぶことができません。なかでも重要なのは担任の先生。いったん決まったら、少なくとも1年間は毎日のように顔を合わせることになります。

とても重要な関係性になるので、**担任の先生とは上手につきあって、自分のことをよくわかってもらいたい**、と誰でも思うものです。特にHSPさんにはその傾向が強く表れます。

HSPの人は一事が万事、すごく突き詰めて考え込んだり、完璧を目指したりと、気持ちの移りかわりが激しいところがあります。このため、話の合う人がまわりになかなか見つからないことも少なくありません。こうした環境のなかにいるので、同じ感覚の人がいればいいのに、と普段から強く思っています。

そこで**先生に対しては、自分と同じ目線で考えてもらいたい**と、大きな期待を持つことがあります。クラスのみんなとはうまくつき合えないけれど、先生には自分のことを理解してもらいたいと願うわけです。

先生もすべてはわからないと、理解しておいて

生徒から見たら、先生はすごくいろいろと勉強してきた人です。「先生」なのですから、人格者のような気もするでしょう。明らかに目上の人なので、とても期待すると思います。しかし、先生も立場上、**特定の生徒と深く交流することはできません**。また、生徒が考える以上に忙しい職務でもあり、**対応したくても限界がある**という話はよく耳にします。

加えて、教師という職業につく人は、HSPではないこともあり、全ての先生が**HSPである生徒のことを深く理解するのは難しいかもしれません**。

こうした理由から、自分が期待するほどの強い関係性はなかなか築けないのです。その結果、先生も自分のことを理解してくれないんだと、がっかりした気分になってしまうことがあります。先生にわかってもらいたい、という気持ちは捨てる必要はありません。しかし、**先生があなたのことを100%わかるわけではない**、ということは理解しておいたほうがいいでしょう。

友だちも大事だけど、1人でいる時間も大切。でも、わかってもらえない…

仲のいい友だちがいると、学校に通うのが楽しくなります。ただ気が合うだけではなく、漫画やアニメ、音楽、YouTubeなどの趣味も似ていると、会話がどんどん盛り上がることでしょう。

友だちが欲しいのは、もちろん、HSPさんも同じ。しかし、「この人とはいい友だちになれそう」と思っていても、**だんだん疎遠になってしまうことがある**ようです。これはHSPの人の〝あるある〟かもしれません。HSPの人は、**友だちといっしょにいる時間がいくら楽しくても、それだけでは心のバランスを取ることができません。**話をしたり遊んだりして神経がたかぶると、そのあとで**1人になって気持ちを静める**

時間が必要なのです。

こうして、せっかく仲良くなった友だちと、いったん自分から距離を置いてしまうことになります。しばらく1人の時間を過ごしていると、刺激を受けることがないので、神経のたかぶりが徐々に収まってきます。そうなると、また友だちに会いたくなるのですが、**自分から距離を置いたので、どうしたらいいのかわからない**。気を悪くしているかもしれないと思って、声をかけにくくなってしまいます。

友だちがおおらかなタイプなら問題ない

こうしたことがたび重なると、人づきあいがものすごくつらく感じられるようになってきます。こんなに悩むのだったら、**最初から友だちなんかつくらなくてもいい、と思うようになることも**あります。友だちづきあいだけではなく、大人になったとき、恋愛でも同じような気分になるかもしれません。いっしょにいると幸せなのだけれど、やはり自分1人の時間を持たないと、心のバランスを取りにくいからです。

あなたがこういったタイプなら、**友だちになるのは、少々のことは気にしないおおらかなタイプがいい**と思います。つかず離れずの関係でも、仲のよい友だちでいてくれる。そんな人間関係を築けたらベストでしょう。

何か気にさわった？ 自分に対して怒ってる？ どんどん過剰に反応していく

いろいろな刺激に対して、ＨＳＰさんはとても敏感です。**人の喜怒哀楽などの感情に対しても、非常に強く反応します。**この独特の性質が、身近な人間関係を難しくすることがあります。

クラスの子の声がやや高く、手の動きがほんの少し強く、目つきがわずかに鋭くなっただけで、すごく怒っているのではないかと思いがち。あなたも友だちや先生との関係で、経験したことがあるのではないでしょうか。ああ、何だか怒っているみたい。自分ではよくわからないけれど、何か気にさわることを言ったのだろうか。どうしたらいいんだろう…。こうして**過剰に反応し、自分を追い込んでいきます。これもＨＳ**

Pの人によくある話です。

怒っているのはあなたにではないかも？

相手を怒らせたと思った場合、そのままにしないほうがいいでしょう。気分を害した理由がわかれば、相手をなだめることもできます。

それに、もしかしたら、**あなたに対して怒っているのではないかもしれません。**ほかの誰かや何かに対して怒っていて、その表情をあなたの前で見せているだけの可能性も十分あります。

直接、話しかけてもいいですし、それがつらければLINEやメールで聞いてもかまいません。自分にできる方法で、ぜひトライしてみることをおすすめします。

軽いいじわるやからかいでも、心が深く傷ついてしまう

学校では集団で同じ時間を過ごし、みんなで学び、遊びます。そうした環境のなかで大勢の子どもたちが過ごすと、ときにはいじめが起こることもあります。

ＨＳＰさんのなかには、他人とのつきあい方があまり上手ではないタイプの人もいます。特に内向的なＨＳＰの場合、自分のほうから積極的に交わろうとはしないので、**まわりから変わった子だと思われる**ことが少なくありません。クラスのみんなも少し距離を置き、ほかの子たちとは違う接し方をすることもあるでしょう。実際に、ちょっといじわるをされたり、からかわれることもあるかもしれません。

HSPさんは思い詰めやすいところがあるので、まわりからどう思われているかを必要以上に強く感じ、傷つきやすいのです。

「○○ちゃんって、何だか変わってるよね」「もっと、みんなと話したらどう?」「むすっとしてないで、笑ったほうがいいと思うよ」こう話しかけてくるクラスのみんなに悪気はありません。あなたにとってはショックかもしれませんが、あなたから距離を置こうとしている子も、全員がいじめてやろうと思っているわけではないこともあります。

こうした状況のなかでも、いったん思いつめてしまうと、自分の気持ちを

○○ちゃんって、変わってるよね
むすっとしてないで、笑ったほうがいいと思うよ
もっと、みんなと話したらどう?
これっていじわるされてるのかな?
つらいな
気持ちをかかえこまないで!
信頼できる大人の人などに話を聞いてもらおう

誰にも話せなくなりやすいですよね。そのため、HSPの人は、ますます、つらい気持ちをかかえこんでしまうのです。

ですが、ひとつ大切なことをお伝えします。それは、あなたがいじわるをされたと感じていること。つまりあなたがとても傷ついているということです。あなたの心は、傷ついたままでいる必要はありません。世の中には、あなたの心のいたみを理解してくれる人が必ずいます。もしあなたが傷ついていたら、信頼できる大人の人や、P.17でご紹介した、子ども専用の相談窓口に話を聞いてもらうようにしましょう。

グループLINEがストレスになることも

最近の中高生は、同級生たちがLINEのグループをつくることが多く、これもHSPの人にとっては悩みの種になっています。新たなメッセージがアップされるたびに、何か自分もコメントを出さなくちゃ、でも何て書けばいいのかわからない、どうしよう……とパニックになりがちだからです。

LINEとのつきあい方では、「早く寝ちゃうタイプだから、夜、スルーしても勘弁してね」と事前に知らせておく手もあります。悩んでいる人は試してみませんか。

あれこれ考えすぎて、自分を追い込み、疲れ切っていく…

なぜ、ＨＳＰさんはいろいろなことで思い悩み、ときにはトラブルにまきこまれてしまうのでしょうか。突き詰めていけば、その大きな要因は、**ものごとについて考えすぎる**ことにあります。隣の席の子が、ちらちらこちらを向く。何か気にさわったのかな？　先生に質問したら、ため息をつかれたみたい。変なことを聞いたのかな？　どうも、お母さんが怒っているように思う。でも、どうして？

こういった具合に、何でもないことに対して、さらにいえば、気にする必要もないことに反応し、いったいどうしたのかと心の中で深く考え込んでしまいます。そして、**自分を追い込んで、疲れ切ってしまう**のです。

ＨＳＰではない人には、このように考えすぎることを理解できないでしょう。じつは普段から考えすぎで悩んでいるんだ、と友だちに打ち明けてみても、なんでそんなに考えるの？　考えなければいいじゃない、とあっさり言われそうです。

でも、**ＨＳＰの人にとっては、考えすぎるのは当たり前**のこと。刺激に対してごく自然に強く反応し、考え込んでしまうのです。さらに、考えすぎる自分に対しても、なぜなんだろうかと考えてしまいます。いつも自分はいろいろ考えるのに、なぜ他の人は考えないのだろうか。こういったふうに、他人と比較して考え込むこともあります。

わたし（著者）も子どもの頃から考えすぎ

わたしも小学生のときから、こうした考えすぎる子どもでした。そして、大人になったいまでも同じです。

たとえば、毎朝、事務所に出勤したとき、バッグからカギを出してドアのカギ穴に差し込みます。そのカギをぐるっと回して開けるのですが、考えごとをしているときなどは、１回で開けられないことがあります。こうなると、もうだめです。なぜ開かないんだろうか？と考えはじめます。カギの差し方が悪いのだろうか？　回し方が正しくないのか？　カギの持ち方が悪くて、力が入らなかったのか？　それとも、これは違うカギなのか？　ドアの前に立ったまま、延々と考え続けてしまいます。

考えすぎるのは自分の性質なのだからと、しっかり受け止めるしかないかもしれません。ただ、**考え込んだあとは脳が疲れるので、気が休まるようなことをする**のがいいでしょう。この章の最後で、そういった対処の仕方をまとめて紹介するので、ぜひ参考にしてください。

運動会で優勝しても、負けた人の気持ちを想像して、素直に喜べない…

学校では文化祭などの定期的に行事が行われます。そうした行事のなかでも、クラスが一丸となって盛り上がるのが運動会。全員参加の徒競走をはじめ。さまざまな種目で気持ちのいい汗を流します。全員で目指すは学年1位。見事、栄冠を手にしたクラスは、みんなで大喜びします。ですが、HSPさんは、ふとした瞬間に、喜べなくなることがあります。しかし、**まわりが大喜びしているので、喜んだふりを続けてしまう。**あなたにもこのような経験があるのではないでしょうか？

HSPの人は勝ち負けのつく競争が苦手

運動会で優勝したのに、なぜ本心では喜んでいないのでしょう？　それは、**HSP**

の人は競争ごとが好きではないからです。競争ごとでは必ず勝ち負けが出ます。誰かが勝った場合、当然のことですが、誰かが負けていることになります。

このとき、**ＨＳＰの人は単純に喜ぶことができません。つい、負けた人の気持ちを想像してしまう**からです。顔では笑っているかもしれないけど、内心はすごく悔しいのかも？　本当のところ、クラスが負けたことに怒っているんじゃないだろうか？　勝った自分たちに対して、どう思っているんだろう？

こうした考えが次から次に浮かび、負けた人たちの気持ちを想像し続けます。

勝ったときだけではありません。負けてしまったときも同じです。勝った人たちはうれしいだけなんだろうか？　負けた自分たちのことを思いやってはくれないの？　などと、さまざまな思いが湧き起こります。

このような時は、さまざまな思いを抱えている自分のことを、優しい気持ちで振りかえってみましょう。勝った方、負けた方の両方の立場を感じることは、よいことでも悪いことでもありません。ものごとをさまざまな角度でとらえたぶん、気持ちが揺れやすいのです。

学校にいるあいだは、周りの人に合わせて過ごしたとしても、家に帰ったら、ひとりでゆっくり過ごす時間をとりましょう。神経のたかぶりがおちついてくると、自然と、あなたの気持ちも落ち着きます。

受験で友人は失敗して、自分だけが合格した。どれほど落ち込んでるのかな…

高校や中学校を受験し、**合格発表までの間は本当にドキドキ**します。受験に向けてかなり勉強したから、きっと大丈夫。でも、もし落ちてたらどうしよう……などと気が気ではありません。

同じ学校を受験したのが自分1人だけだったら、とてもドキドキはするでしょうが、深く思い悩むようなことはないかもしれません。しかし、ほかにもクラスの仲間が数人、同じ学校を受けていたら、話はまるで違います。感情反応が強いHSPさんは、**自分よりもむしろ仲間の合否のほうが気になってしまいます**。全員、受かりますように…と、合格発表までの間、祈るような気持で毎日を過ごすことでしょう。

そして、たとえばクラスで5人受けたなかで、自分も含めて4人が見事合格しました。けれども、**1人だけが不合格だった…。こうした場合、HSPの人の心はどんどん深く沈んでいきます。**落ちてしまって、いまどんな気持ちなんだろう？　大丈夫かな？　ひどく傷ついてはいないだろうか？　このように、落ちた子の気持ちを考えて、考えて、考え込むようになります。

なぜ、自分は受かったんだろうか？と自らを責めるような思いも湧くかもしれません。こうしたことが、HSPの人が受験をする際、陥りがちな気持ちの動きです。

こういうこともある…と納得することが必要

受験に失敗した本人は、ひどく落ち込んでしまうでしょう。これから立ち直れるかどうかは、当然ながら本人しだいです。

落ちた子の気持ちをいくら考えても、あなたがその人を合格させることはできません。どうしようもないことなのです。ですが、人には立ち直る力が備わっています。落ちた子にもその力が備わっていることを信じましょう。そしてあなたも、ひとりで過ごす時間を過ごしましょう。その時、落ちた子の気持ちを思って涙が出てきてしまったら、**あなたの気がすむまで泣いてよいのです。**その涙は、あなたが落ちた子のことを思っての涙ですから、おかしいことでもなんでもありませんよ。

部活でキャプテンに指名された。ほかのみんなはどう思っているんだろう？

あなたは毎日、好きな部活で頑張っています。放課後、一生懸命に練習し、朝早く登校して自主練にも励んでいます。**顧問の先生は、あなたの部活に取り組む姿勢を高く評価**。みんなの模範になると考え、「お前、次はキャプテンをやってくれ」と指名しました。こうした場合、ぐっと気を引き締めつつも、**評価されたことを喜ぶ人が多いでしょう。しかし、HSPさんなら、違う思いを抱きそう**です。

自分がキャプテンに指名されたということは、裏を返せば、ほかのみんなは指名されなかったわけです。こういう状況に置かれた場合、HSPの人は特有の心の動きに陥ってしまいます。部員のなかには、なぜあいつがキャプテンなんだ、と不満な人がいるのでは？　自分のほうがキャプテンにふさわしい、と思っている人もいるかもしれない。そうした人は、いまどういう気持ちだろう？　ひどく怒っているのではないか…。

このように、**人が負の感情を抱いていると思った場合、自分もその感情をイメージしてしまうのがＨＳＰの人の大きな特徴**です。ああ、いまこんなにつらいんだなと、相手と自分の感情が一体化したような気持になります。

気にしても仕方がないことはわかっていても、感情反応が強く、共感力も高いのでやめられないのです。

自分は自分、人は人だと思えるようになります

しかし、いくら考え込んでも、人の感情を変えることはできません。キャプテンに指名されなかった人が、たとえ不満や落胆、怒りを抱いたとしても、その気持ちは本人にしか処理することができないのです。先に紹介した、受験で自分が受かり、友人が落ちたという状況も同じ。こうしたことは人生で数多く起こります。

今は、人の感情を自分のことのように感じてしまうでしょう。これから人生経験をつんでいくと、人の気持ちは自分ではどうにもならないものなのだ、とわかってくるはずです。わかるまでのあいだは、思い切り、人の気持ちを自分の気持ちのように感じる時期も必要なのです。

神経がつかれたときは、1人の時間を大切にして、気持ちを休めるクールダウンを

ささいな刺激に敏感に反応し、感情反応が強く、深く考え込んでしまうHSPの人たち。どうにも**神経がつかれることが多い**ので、そういったときには**1人の時間を持ち、刺激から離れて、気持ちを休ませてあげることが大切**です。

HSPを提唱したアーロン博士は、1日2時間、神経を休ませるクールダウンの時間を持ちましょうと言っています。とはいえ、小・中・高校生は朝から夕方まで学校にいて、夜も塾や習いごとなどで忙しいですよね。こうした1日のなかで、2時間も使うのは現実的ではありません。合計時間にこだわらず、**ときどき合間を見つけてクールダウン**するのがいいでしょう。

では、おすすめの方法を紹介するので、生活にぜひ取り入れてください。

タオルなどの手ざわりの良いものをさわる

気持ちを休ませる方法として、おすすめできる方法の1つは、**柔らかいものをさわる**ことです。

HSPの人は、いろいろな刺激に反応し、強くこだわるところがあります。なかでも、**肌ざわりの良いものに心がひかれるの**で、この気持ちの動きを利用するのです。なんで、こんなに柔らかいんだろう。あっ、この模様のところだけ、ちょっと固くなっているな。あれ、ここはさわり心地が違うけど、繊維が短いのかな。こういった具合に、ただ触ったりなでたりしているだけで、いろいろなことを感じます。**さわることに集中しているうちに、緊張して固くなっていた心が少しずつほぐれて、ごく自然にクールダウンできる**のです。

さわるものは何でもかまいません。**柔らかいタオル**など、肌ざわりの良いものを自分用に用意して、気持ちを休めたいときに手にするといいでしょう。出かけるときには、**手ざわりのよいハンカチ**を持つのがいいと思います。学校にいるとき、ポケットからハンカチを取り出しても、別に変には思われませんよね。気持ちがいっぱいいっぱいになったな、と思ったときにハンカチをさわり、柔らかさを楽しんいるうちに気持ちが安らいでいくはずです。

好きな本を読んで、その世界に没頭する

1人になったときのすごし方として、**好きな本を読むのもおすすめ**です。HSPの人は文字を読むのを好む傾向にあります。**本を読んで、その世界に没頭していくうちに、重く沈んでいた頭の中がすっきりしていく**ことでしょう。

自分の気持ちを代弁してくれるような会話や描写を見つけ、そのページを繰り返し読むのも心を落ち着かせる方法としてすぐれています。文字だけの本ではなく、**絵本や漫画でもかまいません**。このセリフはこういう口調でしゃべるんだろうな、と想像するだけで気が晴れていきます。

公園の緑や学校の花壇を眺める

通学途中の緑の多い公園や街路樹、学校の花壇や植木など、**植物や自然にふれるのも、良いクールダウンの方法**です。

生命力あふれる植物の姿を見ているだけで、人は心が安らいでいくもの。**お気に入りのスポットを見つけて**おいて、通学時や学校にいるとき、その前で少し立ち止まっ

てみましょう。植物が与えてくれるのは心地良い刺激。疲れている気持ちが、しだいにやわらいでいくのがわかるはずです。

クールダウンの方法
好きな本を読む
植物や自然にふれる
柔らかいものをさわる

あとがきにかえて——

最後まで読んでいただいてありがとうございます。「自分って何者なんだろう」と感じているみなさんの気持ちが、少しでも楽になれば良いなと思います。

さて、最後にわたし自身のことをお話ししたいと思います。わたしの半生は、山あり谷あり、です。あなたがこれから生きていく上で大変なことがあった時、私が乗り越えていった様子を思い出していただくことで、何かのヒントになればいいなと思います。

私は1968年東京生まれ、東京育ち、です。ものごころついたころは、明るいわりに気難しく虚弱な、めんどくさい子どもでした。世の中の善と悪がいつも見えていて、大きな喜びと悲しみを同時に味わう、変わった性格の持ち主、と思っていました。10歳〜13歳をカナダ・バンクーバーで過ごしました。多感な時期に、大自然とともに過ごせた思い出があるから、生きのびることができた。そう思います。

社会人になると、正義感が強すぎる割に、途中で力尽きてあきらめるところや、ささいな指摘を眠れないほど引きずる面が、ひどくなっていきました。25歳ごろ、プライベートでのできごとをきっかけに、精神疾患や人格障害なのでは？と悩むようになりました。病院やカウンセラーを転々としても、「あなたは病気じゃない、ちゃんと眠れてないから疲れが取れないだけ」と薬を渡されるだけ。

「私は一体、何者なの？」「このウツウツ感は、どうやったら取れるの？」

答えを求めるうち、自己啓発や占いなどに答えを求めまくった時期もありました。

◎ HSPとの出会いと拒絶

30歳になった頃、アーロン博士がHSPについて書いた最初の本に出会いました。でも、HSPを受け入れてしまうと、敏感さ・繊細さを隠し、頑張って築いた生活が崩壊してしまう、という恐れが出てきてしまったのです。そのくらい、わたしは、自分の感受性の豊かさを、「表に出してはいけない、そんなことをしたら社会で生きていけない」とフタをしていたのです。

あっという間に年齢を重ね、45歳になった私は、離婚を経験しました。元夫は自閉症スペクトラム（人とのコミュニケーションが苦手、物事に強いこだわりがあるといった特徴をもつ）でした。それがどういうことかわからなかった私は、間違った対処ばかり重ね、夫もわたしもボロボロになりました。離婚後はメンタルのバランスを崩して、私こそが自閉症スペクトラムなんじゃないか？いや、ＡＤＨＤかも？とものすごく悩みました。心療内科の簡易検査を受けたけれど、該当するかわからないと言われ、「この検査でもはっきりしないんだ」と落胆したのを憶えています。

わたしは、自分が何者なのか、はっきりしたかったのです。心がとてもつらい時期が続いたのは、自分の特徴がよくわからないまま生きていて、自分をどうあつかったらいいか、わからなかったからだ、とある日、気がつきました。

自分でいちばんみとめたくなかった「感じる度合いの強さ」をちゃんと理解したほうがいいのではないか？と思えるようになっていました。そこで、いちどは拒絶した「ＨＳＰ」のことをちゃんと知ろう、と気持ちがかたまったのです。

ようやく、ＨＳＰをちゃんと学んで、自分の在り方とひもづけてみよう、ＨＳＰだと認めてもいいのかな、と思えるようになった時期でした。

◎ＨＳＰのわたしでよかった、と思えた

ＨＳＰについて学んだことの中で最も心にひびいたのは、「繊細さは弱みにも強みにもなる」ということでした。世界的に見ても、「繊細（Sensitive）」ということばが、弱さのシンボルのようにあつかわれている場合が少なくありません。たしかに、刺激に弱いとか、神経がたかぶりやすくつかれやすいところ、周りの人にふりまわされやすいところに注目ばかりしてしまうと、勉強や仕事、はては人生に対して自信が持てなくなってしまいます。

しかし、ＨＳＰを学んでよかったことは、ＨＳＰの４つの特徴、つまり「処理の深さ」「神経の高ぶりやすさ」「強い感情反応」「感度のするどさ」は、ネガティブでもポジティブでもないんだ、と理解できたことでした。ＨＳＰの特徴は、それらを自分がどう扱うかによって、弱みになってしまったり、強みになったりするものだと思えたのです。

ＨＳＰの特徴を理解して、わたしが感じること・発言や行動にあてはめていったら、小さい頃から、ことばにできずにいた、自分についてのモヤモヤが晴れていきました。今では、感受性が豊かなＨＳＰのわたしでいて、よかった！と心の底から思っています。

◎これから人生を生きていくあなたへ

今10代のあなたは、学校を卒業したら、社会に出ていきます。学校や家で過ごすのとは別の経験を、たくさんしていくことでしょう。あなたがすることが、お給料といったお金を生むという経験を重ね、じきにあなたにも子どもができるかもしれませんね。

このように考えると、人生がはてしなく大きな世界に思えて、気持ちがおちつかなくなる人もいることでしょう。そんな時はぜひ、このように考えてみていただけたらと思うのです。

人生が、つかみきれないほどの大きさなんだ、と感じられるからこそ、「果てしない」と思う、ということなのです。世の中にいる人間のうち、あなたのような感覚で人生のことを思うことができるのは、20%～30%の人たち、つまりHSPの人たちなのです。

気持ちがおちつかない感覚は、いごこちがよくないように感じることのほうが多いでしょう。しかし、いごこちがよくないと感じられるからこそ、ここちの良い場所、人、時間などに触れると感動が生まれるのです。そう思いませんか？

これが感受性の豊かさなのです。あなたが持っているHSPらしさであり、とてもすばらしいことなのです。

先に書いたとおり、繊細さは弱みにも強みにもなります。弱みだなあと感じることがあるからこそ、強みとして活かしている時の力強さを楽しめる。このような人生をあなたはおくっていけるのです。

弱みも強みも、大切にあじわっていきましょうね。すてきな人生を！

みさきじゅり

著・みさきじゅり

HSP研究の第一人者エレイン・アーロン博士の専門家認定プログラム、日本人初の修了者。HSP専門のカウンセラー、キャリアコンサルタント（厚生労働省認定国家資格）。自身も「刺激追求型」のHSS型HSP。青山学院大学国際政治経済学部卒業後、東芝に入社。フィンランド・シリコンバレー・アジアIT企業で、法人営業、エンジニア人材育成にたずさわる。著書に『とても傷つきやすい人が無神経な人に悩まされずに生きる方法』（ダイヤモンド社）など。同じくHSS型HSPであるWill Harper監督のHSPドキュメンタリー映画「Sensitive Men Rising」に出演。同映画を日本や海外で広める活動のほか、HSP企業研修、講演などを多数行っている。

スタッフ

制作／イデア・ビレッジ（小磯紀子、山根英雄）
編集協力／松本愛美、田中敦子（編集工房リテラ）
イラスト／オノデラコージ
本文デザイン・DTP・図版制作／小谷田一美

参考文献
『とても傷つきやすい人が無神経な人に悩まされずに生きる方法』（みさきじゅり／ダイヤモンド社）
『「敏感すぎて疲れやすい人」がおだやかに暮らしていくための本 』（中島智子、監修みさきじゅり／秀和システム社）
『繊細すぎて生きづらい ～私はHSP漫画家～』（おがたちえ、監修みさきじゅり／ぶんか社）
『敏感すぎる私の活かし方 高感度から才能を引き出す発想術』（エレイン・N・アーロン、翻訳・片桐恵理子／パンローリング株式会社）

10代HSPさんの「しんどい」をかるくする本
そのままのキミで生きやすい道の見つけ方

2023年　5月30日　第1版・第1刷発行

著　者　みさきじゅり
発行者　株式会社メイツユニバーサルコンテンツ
　　　　代表者　大羽 孝志
　　　　〒102-0093東京都千代田区平河町一丁目1-8
印　刷　株式会社厚徳社

ご意見・ご感想はホームページから承っております
ウェブサイト　https://www.mates-publishing.co.jp/

編集長：堀明研斗　企画担当：小此木千恵